Aktiv im Team

SPEZIAL

Erfahren Sie, wie das Mäuseheim aussehen sollte, Sie Freundschaft schließen können und die Fütterung ein großer Spaß wird.

Liebevoll umsorgt

SPEZIAL

Lesen Sie, wie Sie sich am besten um Ihre Mäuse kümmern, was bei einer Krankheit zu tun und bei Nachwuchs zu beachten ist.

Inhalt

Winzling mit Persönlichkeit

Es ist erstaunlich, wie viel Persönlichkeit in einem kleinen Mäusekörper Platz hat. Da gibt es die Mutigen, die sich tatendurstig auf neue Abenteuer stürzen und die Schüchternen, die sich Zeit lassen, bevor sie sich endlich aus ihrem Unterschlupf wagen. Kleine Diven wollen immer im Mittelpunkt stehen und können sogar einige zickige Charakterzüge an den Tag legen, während andere für die Harmonie in der munteren Mäusegesellschaft zuständig sind.

Bei guter Pflege, artgerechter Haltung in einer abwechslungsreichen Umgebung und einfühlsamer Zuwendung ihres Menschen zeigen die kleinen Persönlichkeiten spannende Einblicke in ihren Familienalltag mit allen Höhen und Tiefen. Sie führen ihre Kletterkünste und atemberaubende Hochseilartistik vor und lassen Sie an ihren Erkundungstouren teilnehmen.

Wenn Sie sich genügend Zeit für Ihre munteren Untermieter nehmen, auf ihre bescheidenen Mausbedürfnisse eingehen und behutsam mit ihnen Freundschaft schließen, werden die geselligen Tierchen sehr zutraulich und genießen es, auf Ihrer Hand zu sitzen oder auf Ihrem Arm zu klettern und mit Ihnen zu spielen.

4 | Mäuse entdecken

Mit ihren kleinen Knopfaugen, den zierlichen Pfötchen und dem Wackelnäschen werden die kleinen Kerlchen auch Sie schnell in ihren Bann ziehen – lassen Sie sich begeistern.

Unwiderstehlich ist der Anblick des hübschen Mäusegesichts mit den großen Ohren und die Fingerfertigkeit der Vorderpfötchen.

Gestatten Maus

Von Mäusen und Menschen

Die Beziehung von Mäusen und Menschen hat eine sehr wechselvolle Geschichte hinter sich, und auch heute noch löst der Anblick der kleinen Nager häufig zwiespältige Empfindungen aus. Die Gründe für die unterschiedlichen Reaktionen auf Mäuse liegen zum Teil tief in der Geschichte des Menschen verborgen.

Seit Tausenden von Jahren leben wir mit Mäusen in einer mehr oder weniger freiwilligen Koexistenz. Genau wie der Mensch passen die Tiere sich veränderten Lebensbedingungen zu ihrem Nutzen bestens an.

Mäusepulk *Die Nager leben in Familienverbänden und lieben es, sich beim Schlafen eng aneinander geschmiegt zu kuscheln.*

Sie wurden gefürchtet und verehrt

Vor etwa 9000 Jahren, als der Mensch verstärkt den Ackerbau für sich entdeckte, hat sich auch das Leben der Mäuse grundlegend geändert. Statt sich ihre Mahlzeiten in der Natur zusammenzusuchen, boten sich ihnen nun durch die Getreidespeicher üppig und stets gefüllte Speisekammern. Ein Paradies für hungrige Nager, welches beste Voraussetzungen für deren reichliche Vermehrung gab. So avancierten Mäuse schnell zu Vorratsschädlingen und regelrechten Plagen.

▸ **Kampf erprobt** Die Trojaner glaubten, die erfolgreiche Kolonialisierung Kleinasiens im 2. Jahrtausend v. Chr. den Mäusen zu verdanken, die die Lederriemen der feindlichen Schilde durchgenagt haben sollen. Ihnen zu Ehren wurde in Tenedos ein Tempel errichtet, wo die

Haustier mit Tradition *Auch im alten Äypten wurden Mäuse bereits zum Vergnügen der Menschen gehalten und gezüchtet.*

Tiere gefüttert wurden und sich unter dem Altar vermehren konnten. Bis etwa 600 v. Chr. wurden in vielen Tempeln weiße Mäuse gezüchtet und der Mäusekult dauerte etwa 3000 Jahre.

▸ **Mystisch** In China werden bereits seit etwa 2000 Jahren Mäuse gezüchtet und weiße Tiere zu rituellen Weissagungen verwendet.

▸ **Nützlich** Weiße Mäuse wurden in Japan in Häusern gehalten, weil man glaubte, dadurch die Wildmäuse fernzuhalten. Sie werden dort bereits seit 300 Jahren gezüchtet – von Japan kamen vermutlich vor etwa 160 Jahren auch die ersten Farbmäuse nach Europa.

▸ **Begehrt** Die kleinen Tierchen bekamen schnell eine große Fangemeinde und Züchter schlossen sich, zuerst Ende des 19. Jahrhunderts, zu Klubs zusammen, um gemeinsam ihrem Hobby der Farbmauszucht nachzugehen.

▸ **Versuchstiere** Auch Medizin und Wissenschaft haben bald die Maus als Versuchsobjekt entdeckt und so mussten bereits Millionen von ihnen den den Versuchslabors ihr Leben lassen. Heute gibt es bereits die ersten „patentierten" Mäuse.

▸ **Doppelleben** Die normale Hausmaus ist im Gegensatz zu Farbmäusen kein gern gesehener Untermieter.

Tierischer Steckbrief

Unsere Mäuse gehören zu den Nagetieren (Rodentia) und zur Familie der echten Mäuse (Muridae). Das Wort „Maus" gilt zoologisch für Hunderte kleiner Nagetiere – in diesem Buch werden damit Hausmäuse bezeichnet (*Mus musculus*). Etwa 38 Arten werden zur Gattung *Mus* gezählt, diese besitzen wiederum viele Unterarten. Bei uns in Europa kommen hauptsächlich zwei Hausmausarten vor, in Nord- und Westeuropa ist das meist *Mus musculus domesticus* und in Osteuropa eher *Mus musculus musculus*.

SMART

Kleine Diebe

Die Bezeichnung Maus stammt vermutlich von dem alten sanskritischen Wort „Musch" ab. Dieses kann auf ein Wort zurückgeführt werden, das „Stehlen" bedeutet. Schon in frühester Zeit haben die Menschen also scheinbar einschlägige Erfahrungen mit „diebischen" Mäusen in ihren Speisekammern gemacht.

Faszinierende Fähigkeiten

Wie alle Tiere ist auch die dieser kleine Nager perfekt an seine Lebensumstände angepasst. Bei den wild lebenden Mäusen heißt das: ein Leben als wichtiges Glied in der Nahrungskette. So grausam das auch sein mag, ohne Mäuse könnten viele Raubtiere und Greifvögel nicht überleben. Natürlich spielen auch das Sozialleben und die Nahrungsaufnahme eine wichtige Rolle bei den Sinnesleistungen und Anatomie. In unseren Farbmäusen schlummern noch viele Talente der wild lebenden Artgenossen.

Klettermaxe Der gut bemuskelte und sehr lange Schwanz ist ein ideales Hilfsmittel zum Klettern.

Anatomie

Eine Maus wiegt etwa 25 bis 50 g. Ihr schlanker Körper ist so klein, dass sie noch in erstaunlich kleine Löcher passt und sich in schmalen Ritzen verstecken kann. Der Körper (ohne Schwanz) besitzt eine Länge von etwa acht bis elf Zentimetern.

▸ **Flinke Pfötchen** Die Vorderpfötchen wirken wie kleine Hände. Mit ihnen kann die Maus Nahrung und andere Dinge festhalten und klettern. An den Vorderpfötchen besitzt sie je vier Zehen, die fünfte ist nur noch im Ansatz vorhanden. Die Hinterpfoten haben je fünf Zehen.

▸ **Kletterhilfe** Der Schwanz ist etwa 7,5 bis 10 cm lang. Die Maus kann sich beim Klettern damit gut festhalten.

▸ **Knabberhilfe** Wer einmal Mäuse im Keller oder auf dem Dachboden hatte, weiß, wozu deren 16 Zähnchen in der Lage sind: Bücher werden zu Konfetti verarbeitet und Holz mit „hübschen Mustern“ verziert. Die eifrigen Nagezähne wachsen ständig nach, die oberen sollten eine gelbliche oder orange Färbung haben. Weiße Zähne weisen auf Mangelerscheinungen hin. Die Backenzähne wachsen nicht nach.

▸ **Schneller Stoffwechsel** Eine Maus hat ein kurzes Leben, der schnelle Stoffwechsel scheint dies wieder Wett machen zu wollen. Das winzige Herz bewältigt 300 bis 800 Schläge in der Minute und die Lunge atmet in der Minute etwa 200 Mal ein und wieder aus. Damit der kleine Körper seine Temperatur von 38,6 bis 39,3 °C konstant halten kann, müssen Mäuse häufig Nahrung zu sich nehmen.

Sinnesleistungen

Einige Sinne der Maus sind denen des Menschen weit überlegen, andere nicht so gut ausgebildet. Das liegt an den unterschiedlichen Lebensbedingungen.

▸ **Riechen** Die Maus hat einen hervorragenden Geruchssinn. Die Nase verrät ihr, ob sie Freund oder Feind vor sich hat, Familienbande werden durch den individuellen Gruppenduft bestimmt, Reviere mittels Urin und den Duftdrüsen an den Fußsohlen markiert und Nahrung wird mit einem Schnuppertest geprüft.

▸ **Hören** Die Maus hat ein typisches „Nagerohr". Ihre relativ großen Ohrmuscheln lassen sich unabhängig voneinander bewegen und können dadurch Geräusche aus verschiedenen Richtungen orten. Wenn Mäuse miteinander „sprechen", kann der Mensch das meist nicht hören, da die Kommunikation im Ultraschallbereich stattfindet. Es dringt höchstens einmal ein kleines, kurzes „Fiepsen" an unser Ohr. Der Mensch kann bestenfalls Frequenzen im Bereich bis zu 20 000 Hz wahrnehmen, Mäuse hingegen bis zu 100 000 Hz.

Hochseilakt Dank des guten Gleichgewichtssinns und dem „eingebauten Balancierstab" ist das Laufen auf schmalem Grad kein Problem.

▸ **Sehen** Die seitlich gelegenen Augen ermöglichen der Maus fast einen Rundumblick. Allerdings kann sie die Dinge kaum scharf sehen und ihr Sehvermögen ist auch nicht besonders gut ausgebildet. Es reicht jedoch zum Erkennen von Bewegungen. Es kann allerdings passieren, dass eine Katze regungslos vor einer Maus sitzt und der Nager sie dann nicht erblickt. Mäuse sollen die Farben Rot und Gelb sehen und sogar gewisse Spektralbereiche ultravioletten Lichts erkennen können.

▸ **Tasten** Die langen Tasthaare am wackelnden Näschen sind mit vielen Nervenzellen verbunden und können geringste Luftbewegungen wahrnehmen. Auch über den Körper sind feine Tasthärchen verteilt. Dadurch kann die Maus sich sogar bei völliger Dunkelheit ausgezeichnet orientieren.

▸ **Gleichgewicht** Im Innenohr der Maus sitzt das Gleichgewichtsorgan. Es ist so gut ausgebildet, dass der kleine Nager promlemlos an Abgründen entlang und auf Seilen balancieren kann. ●

Maus-like

Mäuse müssen immer auf der Hut vor Feinden sein. Auch wenn Ihre Tiere noch nie einer Gefahr ausgesetzt waren, ist dieses Verhalten trotzdem tief in ihnen verwurzelt. Deswegen lieben sie dunkle und sichere Verstecke, in die sie beim ersten Anzeichen einer möglichen Bedrohung verschwinden. Wenn Sie sich aber viel mit Ihren kleinen Untermietern beschäftigen und den Mäuse-Knigge beachten (Seite 32), lassen die Kerlchen Sie an Ihrem aufregenden Familienleben teilhaben.

Streit gehört dazu *Wenn es um einen Leckerbissen geht, lassen auch Mäusefreunde die Fäuste sprechen, danach wird wieder gekuschelt.*

Alles geregelt

Mäuse fühlen sich nur in der Gesellschaft von Artgenossen richtig wohl. Am liebsten ist ihnen das Leben in der Großfamilie.

- **Klare Grenzen** Das Familienleben spielt sich innerhalb fest gesteckter Grenzen ab – jede Mäusegruppe hat ihr eigenes Revier, dessen Grenzen markiert und regelmäßig kontrolliert werden. Verirrt sich eine fremde Maus in das Territorium einer Familie, kann es zu heftigen Auseinandersetzungen zwischen ihnen kommen.
- **Kuscheliges Nest** Mehrere Mäuse teilen sich innerhalb des Reviers ein Nest, das sie mit den verschiedensten Materialien (Seite 28) gemütlich auspolstern. Darin werden Vorräte gesammelt und die Freunde kuscheln sich beim Schlafen eng aneinander.
- **Chefsache** Die Hierarchie im Mäuserudel ist genau geregelt. Der Chef der Gruppe ist der einzige, der Nachwuchs zeugen darf. Leben mehrere unkastrierte Männchen in der Familie, kommt es häufig zu Rangstreitigkei-

ten, weil die im Rang unten stehenden Böckchen die „Karriereleiter" hinauf klettern wollen. Bei dem Kräftemessen spielen das Schlagen mit dem Schwanz und das Trommeln mit den Hinterbeinen eine wichtige Rolle. Indem die Männchen sich aufrecht stellen und ihr Fell sträuben, machen Sie sich größer. Der eigentliche Kampf dauert in der Regel nur kurz, wird aber so lange wiederholt, bis der unterlegene Mäusemann aufgibt. Kommt keine Einigung zustande, kann es ernsthafte Verletzungen geben.

SMART

Gut gelaunt

- **Aufmerksam:** Die Maus macht Männchen und richtet ihre Ohren auf.
- **Übermütig:** Die Maus macht regelrechte Luftsprünge und tobt durch ihre Gehege.
- **Relaxed:** Die Maus gähnt beherzt, streckt sich genüßlich oder schläft sogar mitten im Käfig.
- **Neugierig:** Die Maus steckt vorsichtig das Wackelnäschen aus dem Nest und checkt, was draußen los ist.

Trautes Heim *Diese luftige Kokosnuss ist Spielplatz und Unterschlupf gleichzeitig und bietet auch noch eine gute Aussicht.*

Zärtliche Bande

Die gegenseitige Körperpflege ist ein wichtiges Element, um die Bindung zwischen den Tieren einer Gruppe zu stärken. Wünscht eine Maus diese Pflege, offeriert sie ihrem Artgenossen das entsprechende Körperteil. Liebevoll und mit oft großer Ausdauer werden dann z. B. Gesicht, Schnauze, Ohren oder das Fell geleckt. Einige Mäuseweibchen ziehen auch zusammen ihren Nachwuchs auf (Seite 58) und teilen sich dabei ein Nest. Weder beim Säugen noch dem Sauberhalten der Kleinen werden dann Unterschiede gemacht. So kann es sein, das Junge unterschiedlichen Alters im Nest liegen.

Von wegen graue Maus

Die einst sprichwörtliche graue Maus zeigt sich heute in einer bunten Vielfalt von Farben und Fellvarianten.

Es gibt kaum ein Tier, bei dem der Mensch durch Zucht Veränderungen von Farbe und Fellstruktur in einer solch kurzen Zeit bewirken kann wie bei der Maus. Dementsprechend groß sind die Farbpalette und die Erscheinungsform der Winzlinge. Neben der auch heute noch beliebten grauen Wildfarbe, die fast jeder Mensch durch mehr oder weniger erfreuliche Begegnungen bei den wild lebenden Verwandten schon einmal live erlebt hat, zählen die weißen Mäuse sicherlich zu den bekanntesten Vertretern. Zudem gibt es schwarze Tiere, oft mit einer in unterschiedlichen Farben gezeichneten Bauchunterseite und die hübschen „Chocolates“, die schokoladenbraunen Mäuse in wunderschönen Schattierungen. Mit „Silber“ bezeichnete Farben zeigen sich als hellgrau und blaue Mäuse haben eine rauchgraue Farbe. Besonders apart ist die Siamfärbung einiger Mäuse, deren Zeichnung tatsächlich wie die der gleichnamigen Katzen aussieht – Jäger und Beute im gleichen Outfit. Darüber hinaus gibt es noch viele hübsche Farbvarianten, die hier gar nicht alle beschrieben werden können. Wer sich für bestimmte Farbschläge interessiert, sollte sich an einen spezialisierten Züchter wenden.

Auch bei den Fellstrukturen gibt es Unterschiede. Neben dem normalen Haar ist sicherlich das glänzende Satinfell am bekanntesten. Momentan sind gelockte Mäuse „im Trend“. Doch diese sind oft sehr krankheitsanfällig und da auch meist ihre Tasthaare gelockt sind, können sie große Probleme mit der Orientierung bekommen.

Langhaarige Mäuse

Die Länge ihres Fells ist zwar nicht vergleichbar mit dem langhaariger Meerschweinchen oder Zwergkaninchen, doch wenn eine kurzhaarige und eine langhaarige Maus nebeneinander sitzen, ist der Unterschied deutlich erkennbar.

- **Bunte Gesellschaft** In Sachen Farbe sind den langhaarigen Mäusen kaum Grenzen gesetzt – es gibt sie in fast allen Farben und Scheckungen, die auch von den kurzhaarigen Kollegen bekannt sind.

- **Selten** Langhaarige Mäuse sind noch relativ rar. Wer sich für einen dieser Gesellen interessiert, sollte über eine Fachzeitschrift oder das Internet Kontakt mit einem Züchter aufnehmen. Man kann aber auch Glück haben und Langhaarmäuse in Zoofachhandlungen oder Tierheimen finden.

Wildfarben

Sie sieht ihren wildfarbenen Vorfahren am ähnlichsten. Jedes einzelne ihrer Haare besteht aus drei Farbbändern, direkt an der Haut ist es schwarz, dann folgt ein braunes Band und an der Spitze ein braungelbes.

▸ **Raffiniert** Dieses Wechselspiel der Farben nennt man auch Ticking oder Aguti. Die landläufig einfach nur als grau bezeichnete Wildfarbe entsteht also durch ein raffiniertes Farbenarrangement.

▸ **Variationen** Von den wildfarbenen Mäusen mit ihrem helleren Bauch stammen alle anderen Farbvarianten ab. Die Aguti-Färbung gibt es in verschiedenen Varianten. Heller als die Wildfarbenen sind z.B. die Goldagutis, ins Grau gehen die silberagutifarbenen Mäuse, bei einigen ist der Bauch weiß.

Gescheckte Mäuse

Die beliebten Scheckenmäuse gibt es in Kombination mit allen bekannten Farben und in vielen Fellstrukturen. Die Verteilung der Farben ist nicht vorhersehbar und jede Scheckenmaus deswegen unverwechselbar und einzigartig.

▸ **Vererbung** Scheckenmäuse werden schon recht lange gezüchtet. Es gibt Scheckungen, die sich rezessiv (verdeckt) vererben, andere werden dominant an die nächste Generation weiter gegeben.

▸ **Tanzmäuse** sind fast immer schwarzweiß gescheckt. Ursache für ihre „tanzenden“ Bewegungen ist ein schwerer Schaden des Gleichgewichtsorgans. Hirnschäden sind zusätzlich für Zwergenwuchs und Taubheit verantwortlich. Kein echter Mäusefan kann sich daran erfreuen.

Weiße Mäuse

Sie sind die Klassiker und die beliebtesten unter den Farbmäusen und wurden schon vor Tausenden Jahren auf Kreta, in China und Ägypten gezüchtet. In China wurden bereits um 400 n. Chr. Albinomäuse in freier Wildbahn dokumentiert.

▸ **Albinos** Das Merkmal der echten Albinos sind rote Augen. Dem Fell und der Haut fehlen dann sämtliche Farbpigmente, Schnäuzchen und Füße sind hautfarben. Es gibt auch weiße Mäuse mit schwarzen Augen.

▸ **Anfällig** Viele Albinos sind krankheitsanfälliger als ihre wildfarbenen oder bunten Artgenossen. Ihre Augen sind meist besonders empfindlich. In den Labors der Forschungsanstalten sind es meistens die weißen Mäuse, die für die wissenschaftlichen Versuche verwendet werden.

Passen wir zusammen?

Die Entscheidung für das Zusammenleben mit Heimtieren muss immer eine Herzensangelegenheit sein. Doch die Liebe zum Tier allein reicht nicht aus, auch die Rahmenbedingungen für die Haltung müssen stimmen.

Mäuse sind bescheidene Mitbewohner, die nicht viel zu ihren Glück brauchen. Doch auch deren Grundbedürfnisse müssen erfüllt werden. Bevor Sie Ihre Mäuse kaufen, sollten Sie sich überlegen, ob die Tiere in Ihr Leben passen. Haben Sie Platz für ein geräumiges Gehege? Lassen Sie und Ihre Familienmitglieder sich nicht von der – zugegeben strengen – persönlichen Duftnote der Mäuse stören. Haben Sie einen zuverlässigen Platz für deren Versorgung im Urlaub? Leiden weder Sie noch andere Mitglieder der Familie an einer Allergie? All das sind Fragen, die Sie sich vor der Anschaffung der Tiere unbedingt stellen sollten. Der zeitliche Aufwand bei der Mäusehaltung ist überschaubar, das macht so eine muntere Truppe häufig für Berufstätige attraktiv. Auch Kinder ab etwa zehn Jahren können viel Freude mit ihren Mäusen haben, viel lernen und ihnen tolle Spielsachen basteln, wenn ihre Eltern auch Verantwortung übernehmen. Für kleine Kinder sind Mäuse mit ihren zerbrechlichen Körpern allerdings weniger geeignet.

① ◂ **Pflege** Obwohl nicht alle Menschen Mäuse mit Reinlichkeit in Zusammenhang bringen, ist es wichtig, dass die Tiere ein sauberes Gehege haben. Genauso notwendig wie eine hygienische Unterbringung sind täglich frisches Wasser, eine ausgewogene Ernährung und die regelmäßige Gesundheitskontrolle. Nur so bleiben Ihre Tiere gesund und können ein langes Mäuseleben genießen. Sind Sie bereit, dafür zu sorgen, dass es Ihren tierischen Mitbewohnern an nichts fehlt?

Abwechslung ◂ Mäuse sind neugierige Kerlchen und wollen etwas erleben. In einem kleinen Käfig und ohne anregende Innengestaltung verkümmern Körper und Geist der vielseitigen Tiere. Werden Sie Ihren Mäusen einen abwechslungsreichen Lebensraum mit vielen Entdeckungsmöglichkeiten und Spielvarianten bieten? Erst dann können sie Ihnen beweisen, welche Talente in ihnen schlummern.

▸ **Zeitfaktor** Damit Ihre Mäuse auch wirklich zahm werden und entspannt auf Ihrer Hand sitzen, müssen Sie sich intensiv mit ihnen beschäftigen. Können Sie täglich die notwendige Zeit aufbringen, um mit den Tieren zu spielen und das bisher erworbene Vertrauen zu festigen? Für einen echten Mäusefan ist das keine auf Dauer lästige Pflicht, sondern ein Vergnügen und das Highlight des Tages. Wenn Sie das genau so sehen, sind Sie nah dran am idealen Mäusemensch.

Bewusst leben ▴ Können Sie es verkraften, dass Ihre lieb gewonnenen Tiere eine viel zu kurze Lebenserwartung haben? Die meisten Mäuse werden nur eineinhalb bis zwei Jahre alt. Durch die artgerechte Haltung können Sie dafür sorgen, dass die Tiere in dieser Zeit all das erleben können, was zu einem erfüllten Mäuseleben gehört.

Partnerwahl

Nachdem Sie nun nach reiflicher Überlegung festgestellt haben, dass Mäuse haargenau die richtigen Heimtiere für Sie sind, geht es darum, das richtige Team zusammenzustellen. Dazu müssen Sie vorab klären, wie Sie sich die Zukunft mit den kleinen Gesellen vorstellen. Beantworten Sie dazu z.B. folgende Fragen: Haben Sie bereits Erfahrung mit der Mäusehaltung? Wollen Sie später mit den Tieren züchten (Seite 56)?

Ein starkes Team

Alle Mäuse sind Rudeltiere durch und durch. Auch wenn ein Mensch sich täglich viel Zeit für eine allein gehaltene Maus nimmt, kann er ihr den Artgenossen nicht erstetzen. Im Nest zu kuscheln, gemeinsam zu spielen, sich gegenseitig das Fell zu pflegen und freundschafliche Raufereien um einen leckeren Futterbrokken machen eben nur zu zweit oder in einer größeren Gruppe Spaß. Und genau darin liegt doch die Faszination der kleinen Gesellen: Im Beobachten des spannenden Sozialverhaltens. Deswegen sollten Sie sich für für zwei oder mehr Tiere entscheiden (Kasten links)! Damit sie sich wohl fühlen, ist auch kein größerer Käfig notwendig. Nur im Team fühlen Mäuse sich sicher und können ihr Selbstbewusstsein entwickeln. Eine einzeln gehaltene Maus ist eine arme Kreatur, die keinen Halt von Artgenossen bekommt und ihr natürliches Verhalten nicht ausleben kann. Allein gehaltene Mäuse werden auch nicht zahmer, sondern erst das Leben mit Artgenossen gibt ihnen die Sicherheit, sich Ihnen auch mit ganzem Herzen zuzuwenden.
In Sachen Haltung gibt es bei den vielen verschiedenen Farb- und Fellvarianten der Mäuse keine Unterschiede. Es bleibt Ihnen überlassen, ob Sie eine kurzhaarige Maus zu einer langhaarigen, einen Schecken zu einem einfarbigen Tier oder zwei gleiche Mäuse zueinander gesellen.

Ideale Gruppen zusammenstellen

Wenn Sie sich für eine gemischtgeschlechtliche Gruppe entscheiden, sollten Sie nur ein Männchen zu mehreren Weibchen setzen, sonst sind ernsthafte Rangstreitigkeiten vorprogrammiert.

Mehrere Weibchen vertragen sich in der Regel sehr gut miteinander. Vermeiden Sie dabei möglichst eine ungerade Anzahl von Tieren, damit keines der Mäusemädchen ohne beste Freundin leben muss.

Eine reine Männergruppe sollte nur aus zwei Böcken bestehen, dann geht es friedlicher im Gehege zu.

Bei der Haltung von gleichgeschlechtlichen Mäusen vertragen Geschwister sich meist am besten. Zuchttiere sollten allerdings nicht eng verwandt sein.

Artgerecht ist die Haltung von Mäusen nur zu zweit oder in der Gruppe. Die Zusammenstellung entscheidet über die Harmonie im Team.

Männchen oder Weibchen?

Einige Böckchen werden anhänglicher zu Menschen, raufen aber öfter mit Geschlechtsgenossen, Weibchen werden aber auch schnell zahm. Wenn Sie sich für ein gemischtgeschlechtliche Gruppe entscheiden, ist Nachwuchs vorprogrammiert – und Mäuse sind äußert vermehrungsfreudig. Diese Variante sollte also nur in Frage kommen, wenn Sie später einmal züchten wollen. Die Alternativen sind eine Gruppe mit Mäusen gleichen Geschlechts oder mehrere Weibchen mit einem kastrierten Männchen. Dieser Eingriff ist allerdings nicht ganz ungefährlich. Unkastrierte Mäusemänner riechen strenger als Weibchen oder kastrierte Böckchen. Einen echten Mäusefan wird das nicht stören.

SMART

Gute Freunde

- **Harmonisch:** Achten Sie darauf, Mäuse auszuwählen, die zusammen kuscheln und gemeinsam unterwegs sind.
- **Freundschaft:** Mäuse, die bereits befreundet sind, sind auch später meist ein gutes Team.

Eine Frage des Alters

Mäuse haben eine Lebenserwartung von eineinhalb bis zwei Jahren, deswegen entscheiden viele Halter sich für junge Tiere, die sich meist auch leichter eingewöhnen. In Tierheimen warten oft auch reifere Mäuse, die bereits zahm und ein gutes Team sind. Gerade ein Anfänger kann an diesen viel Freude haben.

Clever aussuchen

Der Kauf der neuen Untermieter ist eine wichtige Angelegenheit, für die Sie sich viel Zeit nehmen sollten. Denn schon die Auswahl der Mäuse legt den Grundstein für die gemeinsame Zeit, die Mensch und Tier glücklich machen soll.

Es gibt viele Möglichkeiten an Mäuse zu kommen, z. B. im Zoofachhandel, von Hobbyzüchtern, aus dem Tierheim oder von Privat, wo ungeplanter Mäusenachwuchs angegeben wird. Wo auch immer Sie sich nach Mäusen umschauen wollen, gehen Sie keine Kompromisse bei der Auswahl ein. Obwohl die kleinen Tierchen nicht viel kosten, sollten Sie dem Anbieter trotzdem anmerken, dass sie ihm am Herzen liegen und er Wert auf ihre spätere artgerechte Haltung legt. Abraten möchte ich Ihnen von Futtermäusen, die zur Verfütterung an Reptilien gezüchtet werden. Ihre Aufzucht und Unterbringung lassen leider häufig zu wünschen übrig. Lassen Sie sich vom Verkäufer intensiv beraten, aber keinesfalls zu einem Kauf der Tiere drängen. Nehmen Sie sich viel Zeit und Muße, um jeden Kandidaten genau unter die Lupe zu nehmen, schließlich muss der Funke überspringen. Deswegen sollten Sie es auch unbedingt ablehnen, wenn Ihnen das Angebot gemacht wird, Ihnen die Tiere zuzusenden. Der Transport ist für die Mäuse viel zu stressig.

1 ◂ **Unterbringung** Werfen Sie einen kritischen Blick auf die Unterbringung der Tiere. Sie müssen unbedingt nach Geschlechtern getrennt sein, sonst kann es bald zu Nachwuchs bei Familie Maus kommen. Die Gehege sollten großzügig bemessen und sauber sein, in muffigen und schmutzigen Behältern stellen sich leicht Krankheiten ein. Wichtig sind genügend Häuschen, damit die Tiere sich auch einmal zurückziehen können. Sauberes Wasser und gesundes Futter (Seite 34) müssen selbstverständlich sein.

2

Neugierig ◂ Die ausgesuchten Mäuse sollten sich für ihre Umgebung interessieren und neugierig sein, ohne hektisch zu wirken oder gar stereotype – immer wieder kehrende – Bewegungen zu zeigen. Tiere, die teilnahmslos am Boden sitzen, können krank sein, zumindest ist deren Zähmung meist wesentlich schwieriger als bei den aufgeweckten und lebhaften Artgenossen.

▸ **Kerngesund** Unterziehen Sie Ihre künftigen Mitbewohner einem Gesundheits-Check, schließlich soll der Einzug ins neue Heim nicht mit einem Besuch beim Tierarzt und einer eventuell notwendigen Behandlung beginnen. Das würde den Aufbau von Vertrauen erheblich erschweren. Achten Sie auf folgende Dinge: Ein schönes, glänzendes und dichtes Fell ist immer ein gutes Zeichen. Struppiges Haar und kahle Stellen können verschiedene Ursachen haben, angefangen von Mangelerscheinungen über Parasitenbefall bis hin zu ernsten Erkrankungen. Kleine Narben hingegen sind in der Regel harmlos und meist die Überbleibsel von Kämpfen und Raufereien. Schauen Sie sich die Äuglein an, sie sollten klar, glänzend und ohne Krusten sein. Auch die Nase sollte frei von Ausfluss sein. Auffällige Bewegungen, z.B. Hinken und Verkrümmungen des Rückens sind sehr bedenklich. Magere Tiere sind meist schon alt.

3

Aktiv im Team

Lebensraum für kleine Entdecker

Wie auch immer Sie Ihre Mäuse unterbringen, die Tiere werden in ihrer Behausung die meiste Zeit oder vielleicht sogar Ihr ganzes Lebens verbringen. Da ist es für den Mäusefan natürlich Ehrensache, seinen Schützlingen einen großzügigen und abwechslungsreichen Lebensraum zu bieten, der keine Wünsche offen lässt.

Raum für Erlebnisse

Das Mäuseheim kann kaum zu groß groß sein – nur zu klein. Das Mindestmaß für zwei Mäuse sollte eine Länge von 80 cm haben, 40 cm breit und hoch sein. Wenn Sie zwei unkastrierte Böcke halten, kann es bei Gehegen dieser Größe aber eher zu Revierbildungen und Streitigkeiten kommen, deswegen wird für eine Männer-WG eine Gehegegröße von 60 cm Länge und 40 cm Breite und Höhe empfohlen. Es gibt verschiedene Wohnmöglichkeiten für Ihre kleinen Untermieter.

Der richtige Platz für das Mäuseheim!

Ideal ist ein Platz auf einem Tisch oder einer Kommode. Bewegungen von oben machen Mäusen Angst.

Mäuse brauchen natürliches Tageslicht, aber keine Hitze durch direkte Sonneneinstrahlung am Fenster.

Frische Luft ist wichtig, deswegen sollte im Mäusezimmer nicht geraucht werden. Auch in der Küche ist es fehl am Platz, die feuchten Dämpfe sind schädlich.

Zimmertemperatur ist prima, direkt an der Heizung ist es zu warm. Zugluft kann schwere Krankheiten verursachen und muss unbedingt vermieden werden.

Mäuse mögen zwar Abwechslung, doch in der Nähe des Mäuseheims sollte es nicht hektisch zugehen.

- Glasbecken: In ihnen können Sie die Tiere gut beobachten, die Streu kann hoch eingefüllt werden und fällt nicht heraus. Achten Sie aber auf einen guten Luftaustausch, Schwitzwasser kann sich sonst sammeln und Krankheiten verursachen. Sie müssen mit einem auf einen Holzrahmen aufgespannten Drahtgeflecht gesichert werden.
- Gitterkäfig: An den Gittern kann Zubehör leicht befestigt werden und es herrscht ein guter Luftaustausch. Der Gitterabstand darf maximal 7 mm betragen. Die Streu kann aber nicht hoch eingefüllt werden, sie fällt leicht heraus und die Mäuse nagen meist die Gitter an. Deswegen sollten diese nicht kunststoffummantelt sein.
- Terrarien: Sie eignen sich wegen des schlechten Luftaustauschs ebenfalls nicht so gut, die Schiebetüren bieten Nageansätze und beim Öffnen fällt Streu heraus.

▸ Mäuseburg: Sie ist ein echtes Mäuse-Paradies. Ein Tisch wird mit einer etwa 10 cm hohen Umrandung, z. B. aus Plexiglas, gesichert. Dieser wird eingestreut und dann eine Landschaft aus Häusern und Spielsachen gestaltet. Wichtig: Die Aufbauten sollten einen Abstand von etwa 10 cm zur Tischkante haben. Da Mäuse nur sehr ungern in die Tiefe springen, verlassen Sie den Tisch (meistens) nicht. Jungtiere haben jedoch oft Probleme, den Abstand zum Boden richtig einzuschätzen, er sollte 80 cm betragen. Deswegen sollten die Bewohner der Burg mindestens sechs Wochen alt sein.

Das Mäuseheim muss viel Platz und Abwechslung bieten. Dann wird selbst ein Häuschen zum Spielplatz, mit Raum für Schabernack.

SMART

Begabte Handwerker

- **Selbst gebaut:** Mit etwas handwerklichem Talent können Sie auch selbst ein Mäuseheim bauen.
- **Ausbruchssicher:** Gut eignet sich dafür Drahtgeflecht, das auf einem Holzgestell befestigt wird. Die Mäuse dürfen das Holz nicht benagen können. Als Basis können Sie eine hohe Plastikwanne verwenden.

Sicher und praktisch

Achten Sie bei Gehege und Einrichtung darauf, dass keine spitzen Kanten, Nägel oder Splitter für die Mäuse oder Sie gefährlich werden können. Schauen Sie sich das Mäuseheim aus der Sicht der Nager an: Gibt es Stellen, die zum Ausbrechen einladen? Gibt es Spalten, wo die Tierchen stecken bleiben können?

Denken Sie bei der Auswahl des Geheges nicht nur an seine Bewohner, sondern auch an sich. Alle Materialien sollten leicht zu reinigen sein. Schnickschnack am Käfig sorgt nur für zusätzliche Arbeit und kostet Ihre Nerven. Große Türen erleichtern Ihnen Reinigung und Herausnehmen der Tiere – hantieren Sie deswegen bereits im Zoofachladen zur Probe am Käfig.

Zubehör mit Spaßfaktor

Spielsachen lassen jedes Mäuseherz höher schlagen und sorgen für Beschäftigung.

Mäuse beschäftigen sich Tiere zwar viel miteinander, doch erst eine spannende Einrichtung des Geheges macht Langeweile zu einem Fremdwort. Achten Sie beim Zubehör aber bitte auf artgerechte Produkte, z. B. gehören geschlossene Laufkugeln sicher nicht dazu und sind vielmehr tierschutzwidrig.

1 ◂ Laufrad Es bietet viel Bewegung und gleichzeitig ein Fitness-Training. Das Rad sollte einen Durchmesser von mindestens 20 cm haben. Sonst wird die Wirbelsäule gekrümmt, was zu Bandscheibenerkrankungen führt. Damit es nicht zu Verletzungen kommt, sollten Rückwand und Lauffläche geschlossen sein. Querstreben sind tabu: Durch den Schereneffekt können Füße und Schwanz abgetrennt werden!

2

Naturseile ◂ Sie sind echte Herausforderungen für kleine Artisten. Hoch und runter – die Mäuse haben viel Freude beim Erklimmen der Seile. Eine Schlaufe wird zum begehrten Aussichtspunkt und gerne für einen kleinen Zwischenstopp beim Aufstieg genutzt. Wenn Sie oben noch einen besonders begehrten Happen anbringen, kennt die Kletterlaune der neugierigen Mäuse keine Grenzen mehr.

3

Abenteuer-Spielzeug ▴ Wo war noch der Ausgang? Die vielen Löcher kommen den Mäusen gerade recht, um ihre vorwitzigen Näschen hinauszustecken. In diesem Spielzeug kann eine Mäusebande nach Herzenslust toben, klettern und miteinander spielen. Das Schöne an unbehandeltem Naturholz-Spielzeug ist, dass es nach dem Spielvergnügen angeknabbert werden kann und dabei die Zähne gepflegt werden. Da nimmt der Mäusefan es gerne in Kauf, dass diese öfter ausgetauscht werden müssen.

▸ **Höhle mit Notausgang** Mäuse lieben Röhren und Tunnel, bieten diese sich bei Gefahr doch immer als sicheres Versteck an. Doch auch in „Friedenszeiten“ sind sie begehrte Spielplätze: Bei diesen ausgehöhlten Stamm laden die vielen Löcher zum Klettern und Erkunden an – vielleicht findet sich irgendwo ja noch ein toller Leckerbissen.

4

Abenteuerlandschaft

Als Nistmaterial sollten Sie Toilettenpapier, unbedruckte Papierschnipsel, Heu und getrocknete Kräuter und Blätter anbieten.

Mit etwas Phantasie können Sie das Mäuseheim ohne großen Aufwand in ein Spielparadies verwandeln.

Basics

Verzichten Sie bei der Einrichtung des Geheges auf Plastik, wenn die Tiere es benagen und Stücke davon fressen, kann das zu schweren Erkrankungen führen.

- **Einstreu:** Dafür eignet sich staubarme Kleintierstreu aus dem Zoofachhandel. Da viele Mäuse gerne buddeln, sollte diese mindestens 6 cm hoch eingestreut werden. Erde eignet sich nicht, sie enthält oft Krankheitserreger und parasitische Würmer. Auch auf Torf sollten Sie verzichten.
- **Häuschen:** Sie sollten eine Grundfläche von etwa 15 x 15 cm haben und der Durchmesser des Eingangslochs 5 cm betragen. Gut eignen sich auch umgestülpte Blumentöpfe oder Schalen aus Ton. Schlagen Sie an eine Stelle am Rand ein Loch und runden Sie die scharfen Kanten mit Schleifpapier ab.
- **Näpfe:** Verwenden Sie standfeste Keramik- oder

Mit Toilettenpapierrollen wird erst gespielt, danach werden sie zernagt. Achten Sie deswegen darauf, dass sich kein Klebstoff daran befindet.

Steingutnäpfe. Damit diese nicht zugescharrt werden, stellen Sie sie auf ein Brett oder einen flachen Stein.

- Trinkflasche: Näpfe sind ungünstig, sie verschmutzen rasch. Nippeltränken werden am Gitter oder in Glasbecken mit Saugnäpfen am Glas oder mit Draht am Gitterdeckel befestigt.

Spielspaß

Folgende Dinge bringen Ihren Mäusen Beschäftigung.

- Röhren: Ob aus Karton, Kork oder Ton, Ihre Mäuse können sich darin verstecken, turnen und Fangen spielen.
- Kartons: Pappschachteln bieten Ihren Mäusen Abwechslung, mit Papierschnitzeln und Leckerchen gefüllt, werden sie zu richtigen Schatzkisten.
- Sitzbretter: Schaffen Sie mehr Spielfläche, indem Sie am Gitter Sitzbretter oder Holzetagen anbringen. In Glasbecken kann ein Holztisch im Miniformat die Grundfläche vergrößern.
- Seile: Kreuz und quer durch das Gehege gespannt, laden Sie zu gewagter Hochseilartistik ein.
- Hängematten: Sie werden oft zu beliebten Ruheplätzen und Erkundungsobjekten.
- Heuhaufen: Darin tauchen die neugieren Mäuse unter und haben Riesenspaß.

SMART

Knabberäste sind wichtig

- **Dem Nagebedürfnis** der Mäuse sollten Sie mit frischen Zweigen Rechnung tragen.
- **Gut eignen** sich dafür frische Zweige von Buchen, Pappeln, Weide, Obstbäumen und Birke – gerne mit Laub.
- **Reinigen** Sie die Äste, indem Sie sie gründlich abschrubben.
- **Einrichtungsgegenstände** aus Holz (sie müssen unbehandelt sein) werden auch benagt und müssen deswegen öfter ausgetauscht werden.

Freundschaft schließen

Für den Transport der Mäuse nach Hause sind Plexiglasboxen mit Gitterdeckel gut geeignet, Kartons werden meist in wenigen Minuten durchlöchert. Damit die Tiere nicht rutschen und sich womöglich verletzen, sollten Sie die Box mit Heu, Streu und Toilettenpapier auspolstern. Wenn Sie eine größere Transportbox kaufen, steht Ihnen zugleich ein kleiner Reservekäfig zur Verfügung, der bei der Käfigreinigung oder für Jungtiere zur vorübergehenden Unterbringung verwendet werden kann. Schützen Sie die Tiere vor Hitze, Kälte, Nässe und Zugluft und stellen Sie die Box beim Transport möglichst dunkel auf.

Eingewöhnungszeit

Zuhause angekommen, sollte das Gehege bereits fertig eingerichtet für die neuen Bewohner bereit stehen. Stellen Sie die geöffnete Schachtel hinein und lassen Sie die Mäuse selbst entscheiden, wann sie herauskommen wollen. Der Stress während des Transports und die neuen Gerüche irritieren die meisten Nager so sehr, dass sie sich zunächst verstecken.
Lassen Sie Ihren Mäusen reichlich Zeit und haben Sie Geduld, und gönnen Sie Ihnen mindestens einen Tag Ruhe. So verständlich die Freude und Neugier in den ersten Tagen auch ist, es sollten nicht gleich sämtliche Freunde die neuen Hausgenossen begutachten.

Vertrauen aufbauen

Nach einer gewissen Zeit des Kennenlernens können Sie Ihre Hand dann immer wieder in das Gehege legen und ganz ruhig halten. Nach einiger Zeit kommen die neugierigen Tierchen und riechen und knabbern ganz zart. Ein Leckerchen (Seite 34) erleichtert dabei die Kontaktaufnahme. Dann dürfen Sie nicht wegzucken, das würde das eben gewonnene Vertrauen stören. Ziehen Sie Ihre Hand langsam zurück, wenn es weh tut.

Richtiges Hochnehmen und Tragen

Mäuse haben Angst vor allen schnellen Bewegungen, die von oben kommen. Sie sollten sich deswegen ruhig dem Käfig nähern und sie vorher ansprechen.

Anfangs sollten Sie Ihre Mäuse mit einer Tasse o. Ä. hochnehmen und die Hand schützend darüber halten.

Zahme Tiere stört es nicht, vorsichtig mit einer Hand unter dem Bauch hochgehoben zu werden. Bilden Sie mit der anderen Hand eine schützende Höhle. Sehr zahme Mäuse klettern auch von allein hinein.

Fassen Sie die Tiere niemals an der Schwanzspitze, die Haut könnte abreißen. In Ausnahmefällen können Sie sie für kurze Zeit an der Schwanzwurzel fixieren, müssen dabei aber unbedingt den Körper stützen.

Geduld ist der Schlüssel, damit Ihre Mäuschen Vertrauen zu Ihnen aufbauen. Schon bald werden Sie ausgelassen auf Ihnen turnen.

▸ Das Erklimmen Ihrer Hand wird vermutlich der nächste Schritt sein, den Ihre Mäuse wagen. Denn für sie scheint der Mensch ein großer Kletterbaum zu sein. Nun können Sie versuchen, sich mit dem Tier auf der Hand schrittweise vom Gehege zu entfernen. Sobald dies den Nager nicht mehr verunsichert oder erschreckt, ist eine gute Basis geschaffen. Das Tier hat Vertrauen und der Mensch einen kleinen Freund gewonnen, der Interesse an seinem Pfleger findet und sich bei ihm so sicher fühlt wie in seiner gewohnten Umgebung.

▸ Gegenseitiges Vertrauen ist beim Zusammenleben mit Tieren besonders wichtig – für beide Seiten. Ihnen bringt das viel Freude und den Tieren erspart es Stress.

SMART

Netter Umgangston

- **Sprechen** Sie immer besänftigend und freundlich zu Ihren Mäusen, wenn Sie sich mit ihnen beschäftigen.
- **Beruhigende Worte** schaffen eine angenehme Atmosphäre für die Tiere und den Menschen.

▸ Hartnäckige Fälle sind oft einzeln gehaltende Mäuse, die durch den Schock des Alleinseins und damit nicht artgerechte Haltung und die neue Umgebung sämtliche Annäherungsversuche scheitern lassen. Bei ihnen wird oft sogar wochenlange Geduld nicht belohnt. Deswegen ist es immer besser, sich von vorneherein für mindestens zwei Mäuse zu entscheiden. Einem einzeln gehaltenen Tier sollte möglichst immer ein Artgenosse zugesellt werden (Seite 32).

Mäuse-Knigge

Im Zusammenleben mit Ihren Mäusen sollten Sie einige Punkte beachten: Greifen Sie nie unvermittelt nach den Tierchen, das macht ihnen Angst. Respektieren Sie es, wenn die Mäuse einmal nicht mit Ihnen spielen wollen, später sind sie bestimmt besser aufgelegt. Wecken Sie auch die schlafenden Tiere möglichst nicht, Sie wollen nachts auch bestimmt nicht aus dem Schlaf gerissen werden.

Maus und Mehr

Im Zusammenleben mit Mäusen gibt es viele Punkte zu bedenken, die sich erst im Alltag einstellen.

Vergesellschaften

Mäuse erkennen ihre Freunde am Geruch, deswegen ist es so schwierig, sie mit fremden Artgenossen zu vergesellschaften. Damit ihre Körper- und Gruppengerüche sich angleichen, brauchen Sie zwei Käfige. Nun setzen Sie die Bewohner jeden Tag in den jeweils anderen, ungereinigten Käfig, damit sie den Geruch des anderen kennen lernen und annehmen. Nach etwa acht Tagen kann ein Treffen auf neutralem Boden, z. B. in einer großen Pappkiste, stattfinden. Verläuft dieses Treffen ohne heftigen Streit ab, können Sie es täglich wiederholen und die Zeit immer mehr verlängern. Haben Sie nach etwa 10 bis vierzehn Tagen – manchmal dauert es auch länger – den Eindruck, dass die Tiere sich gut vertragen, können sie zusammen in ein gründlich gereinigtes Gehege mit neuen Einrichtungsgegenständen gesetzt werden, das an einem anderen Platz stehen sollte. Sich heftig streitende Tiere sollten Sie nicht mit ungeschützten Händen trennen.

Einsame Mäuse freuen sich über Gesellschaft. Weibchen vertragen sich manchmal auch, wenn sie sich direkt auf neutralem Boden begegnen.

Mäuse und andere Haustiere

Mäuse brauchen Gesellschaft, doch wie sieht es mit anderen Tieren aus, die bei Ihnen leben?

- Andere Nager: Nager ist nicht gleich Nager – jede Art hat ihre eigenen Bedürfnisse und Ansprüche an Lebensraum, soziales Umfeld und Ernährung. Mäuse dürfen weder mit Meerschweinchen, Kaninchen (die zoologisch gesehen keine Nager sind), Hamstern, Ratten, Rennmäusen, Degus, Chinchillas oder noch exotischeren Nagetieren vergesellschaftet werden. Stress ist in der Zwangs-WG garantiert und bei Kämpfen sind sogar Todesfälle möglich.

▸ Hunde: Hier kommt es auf Veranlagung und Erziehung des Hundes an. Wenn er sich nicht für die Mäuse interessiert, kann er sich in Ihrem Beisein im Mäusezimmer aufhalten. Bellt er die Tiere jedoch an oder bedrängt sie gar, ist der Aufenthalt für ihn dort tabu, beim Freilauf der Kleinen generell!

▸ Katzen: Das Verhältnis von Katzen und Mäusen ist eindeutig: die Nager sind Beute für die Samtpfoten. Selbst wenn eine Katze keine „ernsten“ Absichten hegt, kann sie die Mäuse im Spiel oder durch das Springen auf das Gehege doch verletzen oder erschrecken. Mieze sollte also niemals Zugang zu dem Raum haben, in dem die Nager gehalten werden.

▸ Vögel: Mit kleinen friedlichen Piepmätzen, wie Prachtfinken oder Kanarien, ist das Zusammenleben meist problemlos. Sittiche und Papageien können die Nager durch Ihren Spieltrieb oder aus Eifersucht jedoch schwer verletzen. Deswegen ist beim Kontakt Vorsicht geboten.
Sie sollten auch nicht im selben Zimmer untergebracht werden: Sind die Mäuse nachts aktiv, kann das die Vögel erschrecken, die dann im Dunkeln in Panik geraten.

Tassenlift: Darin können Sie noch scheue Mäuschen gefahrlos tragen, die obere Hand verhindert, dass das Tier aus der Tasse heraus hüpft.

▸ Reptilien: Strikte Trennung ist hier angesagt, denn Mäuse sind für viele Reptilien schlichtweg nur Futter. Sie können für Mäuse gefährliche Salmonellen übertragen.

SMART

Haben Sie Geduld

› **Quarantäne:** Neue Mäuse sollten etwa zwei Wochen separat untergebracht werden.
› **Sympathie:** Nicht alle Mäuse verstehen sich. Vielleicht klappt es mit einem anderen Partner.

Urlaubszeit

Mäuse sollten nur in Ausnahmefällen mit in den Urlaub genommen werden, sie sind Zuhause besser aufgehoben. Für zwei Tage können die Tiere in der Regel mit einem ausreichenden Futter- und Wasservorrat auch alleine bleiben. Bei länger Abwesenheit sollten Sie sich schon früh um eine Urlaubsvertretung oder einen Pflegeplatz kümmern, den Pfleger gut einweisen und mit allem ausstatten, was er braucht und Ihre und die Telefonnummer des Tierarztes hinterlassen.

Alles Käse?

Mit Speck fängt man Mäuse und für Käse tun sie alles? Das mag sein, doch um gesund und munter zu bleiben, brauchen Ihre Mäuse eine abwechslungsreiche und vielseitige Kost, sonst sind Mangelerscheinungen vorprogrammiert.

Abwechslungsreiche Speisekarte

Die natürliche Nahrung der Nager besteht vor allem aus Samen. Körner enthalten vor allem Kohlenhydrate und empfehlen sich deshalb als Grundnahrung. Ein hochwertiges Mäusefutter aus dem Zoofachhandel ist dafür gut geeignet. Sie sollte z.B. Gras- und Kräutersamen, Hafer (als Flocken, Körner oder Rispen), Weizen, Gerste, Roggen, Buchweizen und Hirse enthalten. Hinzu kommen noch getrocknetes Gemüse, wie, Rote Bete, Karotten, Kohlrabi und Maiskörner, Erbsen- und Reisflocken. Getrocknete Kräuter bringen wichtige Mineralien. Achten Sie aber darauf, dass das Futter nicht zu viele Bestandteile enthält, die auf die schlanke Linie gehen, wie beispielsweise Nüsse, Sonnenblumenkerne und andere Kerne, die recht fett sind oder die süßen Rosinen. Enthält das fertige Mäusefutter nicht genug kleine Sämereien, können Sie noch etwas Wellensittichfutter dazu mischen.

- **Pellets,** das sind spezielle Presslinge, werden in einigen Zoofachhandlungen für Mäuse angeboten. Diese werden vor allem in Großzuchten, Versuchslabors und Zoos verwendet. Diese Pellets enthalten alles Lebenswichtige außer Wasser, sind jedoch eintönig und für Ihre Mäuse deswegen weniger geeignet.
- **Buntes Styling** des Futters ist kein Qualitätsmerkmal, vielmehr sollten Sie auf eine möglichst naturnahe Verarbeitung achten. Muffiger Geruch und Mottenbefall sprechen für schlechte Qualität. Werfen Sie auch einen Blick auf das Haltbarkeitsdatum auf der Packung.

Gesunde Leckerlis für Mäuse

Knabberstangen, Drops und andere Snacks aus dem Zoofachhandel enthalten oft zu viel Zucker.

Als Belohnungshappen freuen Ihre Mäuse sich gelegentlich über einen Sonnenblumenkern, eine Hasel- oder eine halbe Erdnuss. Nüsse nur ohne Schale anbieten, da diese oft Schimmelpilze enthalten.

Süßes Obst, wie Banane, Weintrauben und Melone (Seite 37), sollten sehr sparsam verfüttert werden.

Essensreste von menschlicher Nahrung sind schädlich, da die Tiere Salz und Gewürze nicht vertragen.

Käse ist sehr fett und gewürzt, ausnahmsweise darf es Mal ein klitzekleines Stück einer milden Sorte sein.

Phantasien einer Mäusefamilie – dieses große Käsestück sollte aber Wunschtraum bleiben.

SMART

Zusatzkost

- **Heu** sollte in guter Qualität immer zusätzlich zum Grundfutter angeboten werden.
- **Kolbenhirse** ist ein leckerer Snack, der für Beschäftigung sorgt.
- **Hartes Vollkorn- oder Knäckebrot** sollte nur gelegentlich auf dem Speiseplan der Mäuse stehen – und nur dann, wenn es garantiert nicht schimmelig ist.

Welche Menge?

Am günstigsten ist es, so viel Futter zu geben, dass am nächsten Tag nur noch ein ganz kleiner Rest übrig ist. Der Bedarf ist individuell, deswegen sollten Sie mit einem Teelöffel Grundfutter täglich pro Tier beginnen und dann austesten, ob Ihre Mäuse mehr oder weniger brauchen. Bleibt viel übrig, reduzieren Sie die Menge, bleibt nichts mehr übrig, muss es künftig eben eine größere Portion sein. Auf jeden Fall sollten Sie darauf achten, dass die Tiere keine Nahrung verscharren oder ein Vorratslager anlegen. Auch daran zeigt sich, wie viel Futter sie wirklich brauchen. Die Vorräte werden oft mit Urin markiert und können leicht schimmeln.

Frisch & knackig

Die Ernährung Ihrer Mäuse sollte vielseitig sein. Zur Versorgung mit Vitaminen ist eine große Palette verschiedener Obst- und Gemüsesorten bestens geeignet. Achten Sie dabei möglichst auf Bio-Qualität, schon kleine Schadstoffmengen können dem winzigen Mäusekörper schwer zu schaffen machen. Faules und altes Obst und Gemüse sind natürlich tabu. Frischfutter sollte den Tieren nur gewaschen angeboten werden.

Rohkost hält gesund

Gut geeignet sind z. B. Endivien- und Eisbergsalat, Gurken, Karotten ohne Grün, Sellerie, in geringen Mengen Rote Bete sowie gelegentlich etwas Brokkoli, Fenchelknollen, Speisekürbisse, ab und zu etwa Paprika oder reifes Tomatenfleisch ohne Kerne, Kohlrüben, Zuckermais. Gewöhnen Sie die Mäuse immer mit ganz kleinen Stücken an neue Frischfuttersorten.

- Kräuter bereichern den Speiseplan, sollten aber nur wohl dosiert angeboten werden. Wenn Sie selbst Kräuter sammeln wollen, sollten Sie darauf achten, dass es nicht an vielbefahrenen Straßen wächst oder durch Hunde- oder Vogelkot verschmutzt ist. Sammeln Sie keine Pflanzen, die Sie nicht kennen, viele harmlos aussehende Gewächse können für Mäuse sehr giftig sein. Nach dem Waschen muss das Frischfutter gut trocknen. Ihre Mäuse freuen sich gelegentlich über Basilikum, Dill, Gänseblümchen, Hirtentäschelkraut, Kamillenblüten, Löwenzahn, Petersilie, Schafgarbe, Blätter von Sonnenblumen oder Vogelmiere aus dem Garten.
- Obst wird von Mäusen gerne gefressen, sollte aber wegen des hohen Zuckeranteils, der Diabetes begünstigen kann, eher ein Belohnungshappen bleiben und nur alle zwei bis drei Tage angeboten werden. Entfernen Sie vor dem Füttern die Kerne. Viele Kleinnager vertragen sehr säurehaltiges Obst, wie Orangen oder Kiwi nicht gut, auch Steinobst

Eiweiß macht stark

Mäuse sind keine Vegatarier und brauchen auch tierisches Eiweiß. Einige Futtermischungen für Mäuse enthalten deswegen bereits getrocknete Insekten.

Achten Sie bei der Gabe darauf, dass die Tiere frische Produkte direkt verputzen, damit sie nicht verderben.

Gut eignen sich z.B. hochwertige Hundekuchen oder Katzenleckerchen ohne Zucker und Taurin.

Gelegentlich kann es auch etwas Naturjogurt, Magerquark oder ein Stückchen milder Hartkäse sein.

Trächtige und säugende Weibchen haben einen gesteigerten Eiweißbedarf und sollten zusätzlich mit Mehlwürmern oder gekochtem Eigelb versorgt werden.

Großer Happen für kleine Mäuse. Da müssen die beiden Leckermäulchen wohl Verstärkung von der Mäusetruppe anfordern.

und exotische Früchte können zu schweren Verdauungsstörungen führen. Besser geeignet sind kleine Stücke von Äpfeln, Bananen, Erdbeeren, Melone und Weintrauben.

Vitamine und Mineralstoffe

Bei einer abwechslungsreichen Kost erübrigen sich zusätzliche Vitaminpräparate. Ein Vitaminüberschuss kann oft schädlicher sein als eine Unterversorgung. Viele Vitamine werden von den Nagern überhaupt nicht benötigt. Der Vitamin B-Komplex ist außerdem bei fast allen Tieren so unbeliebt, dass sie eher verhungern oder verdursten würden, als nach Vitamin B riechendes Futter oder Wasser zu sich zu nehmen. Wenn es der Tierarzt rät, ist es aber empfehlenswert, ein Kalk-Mineralstoff-Gemisch alle zwei bis drei Tage über das Futter zu streuen oder ein Vitaminpräparat über das Wasser zu verabreichen. Im Sommer kann dadurch das Wasser aber schnell verderben. Salzleck- und Nagersteine sind bei einer ausgewogenen Ernährung, die der verantwortungsbewusste Mäusehalter seinen Tieren bietet, überflüssig. Sie können, wenn die Tiere oft aus Langeweile daran knabbern, sogar zu Erkrankungen führen.

Trinkwasser

Wasser – täglich frisch – muss den Mäusen in einer Trinkflasche immer zur Verfügung stehen. Enthält das Leitungswasser viel Chlor, sollte es gefiltert werden.

SMART

Sinnesfreuden

- **Vielfalt** bei der Fütterung hält nicht nur gesund, sondern regt auch alle Sinne an.
- **Bunte Farben** des Frischfutters und unterschiedliche Gerüche bringen Abwechslung in den Mäusealltag.

Muntermacher Futterspiele

In freier Natur bekommen Mäuse ihre Mahlzeiten nicht bequem serviert. Deswegen gibt es auch keinen Grund, ihre kleinen Untermieter zu bedienen. Das Suchen und Erarbeiten des Futters ist ein Muss der artgerechten Mäusehaltung.

Körner und getrocknetes Obst und Gemüse müssen Sie nicht im Napf anbieten, sondern können es weitläufig im Käfig verstreuen und verstecken. Fangen Sie in einem kleinen Radius vor dem Häuschen an und vergrößern Sie diesen jeden Tag etwas mehr. Mit Leckerchen können Sie sogar tolle Spiele veranstalten.

Arbeit für kleine Naseweise: Dank ihres gutes Geruchssinns wird diese Mäusebande schnell die im getrocknetem Laub verborgenen Happen finden. Alternativ können Sie auch Papierschnipsel verwenden.

1

Kinderspiel für starke Mäusemänner ◂ Wenn oben ein Leckerbissen wartet, werden auch vielleicht bequeme Mäusemänner zu Seilkünstlern – auf die richtige Motivation kommt es an. Naturseile lassen sich prima mit Leckerchen spicken und werden ganz nebenbei noch zu natürlichen Fitness-Geräten: Spannung, Spiel und Leckerli inklusive. Zeigen Sie Ihren Mäusen anfangs, wo Sie die Happen verstecken und achten Sie darauf, dass Sie auch wirklich alle finden. Später können Sie es spannender gestalten, indem Sie die Tiere allein suchen lassen.

3

2

▸ **Schnitzeljagd:** Die Mäuschen müssen den ganzen Käfig absuchen, um ihr Futter zu finden. Spannend ist es auch, wenn Sie es in einem leeren Eierkarton oder einer Pappschachtel unter einer Lage Heu verstecken. Viel Spaß bereitet auch eine mit Leckerchen gespickte Wiese: Säen Sie eine Gras-Getreidemischung in unbehandeltem Torf aus, wenn die Wiese hoch genug steht können die Mäuse nach langsamer Gewöhnung an das frische Grün nach Herzenslust darin toben.

▴ **Gefunden:** Dieses vorwitzige Kerlchen hat die Leiter erklommen und sein Ziel – Futter, was sonst – erreicht. Alternativ können Sie das Futter z. B. auch in einer Toilettenpapierrolle verstecken und die Enden mit Heu oder Papier verstopfen, einmal in der Woche eine Rispe Kolbenhirse im Käfig aufhängen, auch Frischfutter kann man mit einem speziellen Halter aus dem Zoofachhandel am Gitter befestigen. Auch über den Tag verteilte Fütterungen (einmal Obst, dann Körner) regen die Aktivität an.

Fit mit fun

Mäuse sind wuselige kleine Kerlchen, die eine Menge erleben wollen. Die Gesellschaft der Artgenossen und das damit verbundene Sozialleben sorgt zwar für Abwechslung, trotzdem muss auch die Umgebung für Beschäftigung sorgen. Zusätzlich können Sie die munteren Gesellen durch allerlei Spielangebote auf Trab halten, damit Langeweile erst gar nicht aufkommt. Neben den bereits vorgestellten Futterspielen (Seite 38) dienen Leckerchen auch dabei häufig als Motivation.

Ihre Gesellschaft

Einige Mäuse lieben es, von ihrem Menschen sanft im Nacken gekrault oder gestreichelt zu werden, andere genießen es, wenn sie auf Ihnen herum klettern dürfen, z. B. wenn Sie auf

In einem Labyrinth können Sie viele verschiedene Spielbereiche schaffen. Mäuse sind vor allem in der Dämmerung und nachts aktiv, das sollten Sie berücksichtigen, wenn Sie sich mit ihnen beschäftigen.

dem Sofa liegen. Sie krabbeln dann in Ihre Taschen und erkunden Ihre Kleidung von oben bis unten. Sie können aber nicht von allen Mäusen erwarten, dass sie so zutraulich werden.

Der Mensch *kann zur aufregenden Spiellandschaft für seine Mäuse werden – vorausgesetzt, das Vertrauen zwischen ihnen stimmt.*

Clevere Mäuse

Geben Sie Ihren Mäusen Aufgaben und stellen Sie sie vor kleine Herausforderungen, das hält die kleinen grauen Zellen fit und lastet die Tiere gut aus. Auch die wild lebenden Kollegen müssen sich täglich neue Problemlösungsstrategien einfallen lassen.

▸ Ein Labyrinth kommt dem Entdeckungsdrang der kleinen Tierchen entgegen. Sie können es in einem Karton basteln, indem Sie mit lösungsmittelfreiem Klebstoff Zwischenwände anbringen, aus Stecksteinen bauen oder fertig kaufen. Verstecken Sie ein Leckerchen darin und beobachten Sie Ihre Mäuse beim Suchen.

▸ Beim Mäuse-Agility ist auch Ihr Einfühlungsvermögen gefragt. Schließlich geht es dabei darum, die Nager, motiviert mit einem Leckerli, durch einen Parcours zu locken. Im Zoofachhandel gibt es viele Nagerspielzeuge, die sich prima dafür eignen, dazu können Sie selbst Hindernisse basteln.

▸ Der Mäuseturm lässt die Herzen der kleinen Nager höher schlagen. Stapeln Sie dafür Ziegelsteine oder Weinsteine stabil aufeinander und verstecken Sie in Ritzen und Löchern begehrte Happen. Die Mäuse werden viel Spaß beim Klettern und Finden der Leckerchen haben.

SMART

Große Persönlichkeiten

- **Nutzen** Sie das gemeinsame Spiel, um Ihre muntere Mäusebande besser kennen zu lernen.
- **Welche** Maus ist die mutigste, traut sich als erste an neue Abenteuer und hat den Mumm für die gewagtesten Tricks?
- **Sind** kleine Angsthasen dabei, die viel Zusprache brauchen, um mitzuspielen oder sich kaum aus dem Häuschen trauen?
- **Gibt es** besonders dicke Freunde, die die Aufgaben nur gemeinsam im Team angehen?

Maus on tour

Viele Mäusehalter wollen ihren kleinen Freunden den Spaß machen, frei im Zimmer laufen zu können.

Darf Freilauf sein?

Es scheint so, dass hier die Gefahren die Vorteile überwiegen. Gewiss bietet so ein Ausflug im Zimmer den Tieren Abwechslung, doch hat die vermeintliche Freiheit viele Nachteile. Vor allem besteht die Gefaht, dass man auf die Nager tritt oder sie zwischen Türen und Fenstern einklemmt. Mäuse sind durch die neue Umgebung oft so irritiert, dass sie versuchen, sich in Winkeln und Spalten zu verstecken. Es ist kaum zu glauben, wohin eine Maus überall verschwinden kann: unter und hinter Schränken, Kästen, Schubladen und Polstermöbeln. Eine Maus, die vorher zahm war, kann durch die ungewohnte Umgebung nervös, erregbar und so flink und gewandt wie ihre wilden Verwandten werden. Das Einfangen eines derart überdrehten Tieres bedeutet erheblichen und unnötigen Stress für den Jäger und den Gejagten. Es ist daher besser, seinen Mäusen im Käfig Abwechslung zu bieten oder sie nur in einem gesicherten Terrain frei laufen zu lassen.

Gefahren für frei laufende Mäuse

Wenn Sie Ihre Mäuse trotz aller Risiken frei im Zimmer laufen lassen, sollten Sie möglichst alle Gefahrenquellen ausschalten. Nehmen Sie den Raum deswegen aus „Mäusesicht“ genau unter die Lupe.

Sichern Sie alle Kabel, damit die Mäuse sie nicht anknabbern und einen Stromschlag bekommen.

Dichten Sie Ritzen und Spalten ab, in welchen die kleinen Tiere sich verstecken könnten.

Chemikalien, Zigaretten, Medikamente etc., und gefährliche Pflanzen dürfen nicht erreichbar sein.

Aquarien, Vasen u. Ä. muss sicher abgedeckt werden, damit die Mäuse nicht hineinfallen können.

Der Mäusespielplatz

Eine schöne Möglichkeit, um Ihren Mäusen zeitweise einen großen Bewegungsspielraum zu ermöglichen, ist ein abgegrenzter Freilauf. Dazu können Sie Gitterelemente aus dem Zoofachhandel verwenden oder einen Auslauf aus Spanplatten selbst zusammenbauen. Diese mobilen Gehege können Sie bei Bedarf aufstellen und in der restlichen Zeit platzsparend verstauen.
Mit Spielsachen, Wurzeln, Versteck- und Klettermöglichkeiten können Sie ganz einfach einen aufregenden Mäusespielplatz zaubern.
Sie sollten die Tiere aber nicht einfach hineinsetzen, sondern Ihnen mit aus einem Brett einen Laufsteg zum Käfig bauen.

Mäuse einfangen

Ist einmal eine Maus aus dem Käfig entwischt, sollten Sie zunächst versuchen zu ermitteln, in welchem Zimmer sie sich aufhält. Dies lässt sich eventuell an Nagespuren, Scharr- oder Nagegeräuschen feststellen.

▸ Plan A: Legen Sie in dem Zimmer zwei bis drei Pappröhren (z. B. leere Küchenpapierrollen) mit etwas Futter darin aus. Nach einiger Zeit wird die Maus in eine dieser Röhren laufen und sich an das Futter machen. Dann sollten Sie sich leise heranpirschen und die Rolle an den Enden mit den Händen zuhalten. Nun können Sie sie mühelos wieder in Ihren Käfig zurücksetzen. Diese Variante ist aber zeitaufwändig und für scheue Tiere weniger geeignet.

▸ Plan B: Stellen Sie einen hohen Eimer im Zimmer auf, den Sie mit Handtüchern auspolstern. Dann legen Sie einige Leckerbissen als Köder hinein. An den Rand des Eimers wird ein Brett oder etwas Ähnliches als Laufsteg gelegt. Die Maus wird das Futter riechen, empor klettern und in den Eimer fallen. Damit das Tier bis dahin keinen großen Durst leidet, sollten Sie neben dem Eimer ein Schälchen mit Wasser stellen. Alternativ zu dieser recht erfolgreichen Variante können Sie auch eine Lebendfalle aus dem Zoofachhandel verwenden, bei der die Tiere ebenfalls nicht zu Schaden kommen.

Ein Minigarten aus Katzengras im mobilen Auslauf macht den Rackern viel Spaß, darin können sie buddeln und das Grün anknabbern.

SMART

Eine Überschrfit

› **Sofaplatz:** Dort können die Mäuse unter ihrer Aufsicht herumklettern.

› **Tisch:** Da Mäuse nicht gern in die Tiefe springen, können Sie dort unter Ihrer Aufsicht laufen. Bauen Sie auch einige Spielzeuge auf.

Liebevoll umsorgt

Zimmerservice

Mäuse haben nicht den Ruf, besonders reinliche Tiere zu sein, viele Menschen verbinden mit den Nagern eher das Gegenteil, Gründe dafür gibt es verschiedene. So wurden vor allem in früheren Zeiten häufig die Vorräte der Menschen durch Kot und Urin der Tiere häufig verschmutzt und damit unbrauchbar gemacht – für uns ist dieses Verhalten sehr unhygienisch. Auch ihr mitunter sehr strenger Geruch trägt nicht zum Bild kleiner Saubermänner bei.

Wer sich aber einmal näher mit den munteren Gesellen beschäftigt, wird schnell einen anderen Eindruck von ihnen bekommen. Verbringen die Mäuse doch viel Zeit mit ihrer Körperpflege und helfen sich auch gegenseitig dabei, nur kranke Tiere wirken ungepflegt. Für ihre Auscheidungen suchen Mäuse sich meist bevorzugte Ecken, wird außerhalb dieser Kot und Urin abgesetzt, handelt es sich meist um Markierungen des Reviers oder von wichtigen Dingen, wie z.B. Vorräten. Stubenrein werden Mäuse aber trotzdem nicht.

Käfigreinigung

Dem natürlichen Sauberkeitsbedürfnis der Tiere müssen Sie durch regelmäßige Reinigung des Mäuseheims Rechnung tragen, das hält auch deren Geruch in Grenzen. Allerdings kann eine allzu häufige „Generalreinigung“ zu mehr Rangordnungsstreitigkeiten und verstärktem Markierungsverhalten führen – würde also einen unerwünschten Effekt bewirken.

▸ **Wie oft?** Die Häufigkeit der Reinigung ist von der Käfiggröße, der Anzahl der Tiere und der Fütterungsart abhängig, als Richtwert gilt einmal wöchentlich. Ein größeres Gehege muss seltener ausgeräumt werden, natürlich nur dann, wenn die feuchte Einstreu in den Urinecken entfernt wird. Viele Tiere im Gehege und reichlich weiches Obst erfordern eine häufigere Reinigung. Es liegt also an Ihnen, einen optimalen Reinigungs-Rhythmus zu finden.

▸ **Und die Mäuse?** Während des Hausputzes können die Mäuse in einem separaten Käfig untergebracht werden oder Auslauf im mobilen Freigehege genießen.

▸ **Was noch?** Eine Desinfektion von Gehege und Einrichtung ist nur auf Anraten des Tierarztes bei einigen Erkrankungen notwendig.

Richtig sauber

Verwenden Sie zur Reinigung des Geheges keine scharfen Reinigungsmittel, diese schaden den Tieren.

Waschen Sie das Gehege mit heißem Wasser und Essigreiniger aus, danach mit viel Wasser nachspülen.

Verzichten Sie auf parfümierte Einstreu, so genannte Nagerdeos oder andere Duftmittel, um den Geruch der Mäuse zu überdecken. Diese schaden den Atemwegen der Tiere und können zu Erkrankungen führen.

Pediküre auf Mäuseart Auch die Pfötchen werden bei der Körperpflege sorgfältig gesäubert, damit sie einsatzfähig bleiben.

Das ist zu tun

Wenn Sie die Arbeiten am Mäuseheim täglich und wöchentlich einplanen, werden diese bald zur Routine.

SMART

Sand macht sauber

› **Toilettenecke:** Bieten Sie Ihren Mäusen in den Ecken des Geheges Schälchen mit Chinchillasand an. Einige Mäuse nutzen diese als Toilette, was Ihnen die Reinigung des Mäuseheims erleichtern kann.

▸ **Täglich:** Entfernen Sie Frischfutter vom Vortag immer vor dem Füttern.

▸ Reinigen Sie Trinkflaschen und Futterschüsseln.

▸ Füttern Sie so viel Grund- und Frischfutter, dass am nächsten Tag nicht viel davon übrig bleibt.

▸ Füllen Sie die Wasserflaschen neu auf.

▸ Kontrollieren Sie die Verstecke und Ecken nach Futtervorräten. Da die Nager diese mit Urin markieren und Sämereien dann leicht schimmeln, müssen diese ausgeräumt werden.

▸ **Etwa alle zwei Tage:** Entfernen Sie großflächig die feuchte Einstreu – besonders in den Urinecken.

▸ **Etwa einmal in der Woche:** Reinigen Sie das gesamte Gehege. Entfernen Sie dazu die Einstreu und waschen Sie den Käfig oder das Glasbecken gründlich aus.

▸ Schlafhäuschen und andere Einrichtungsgegenstände müssen bei Bedarf ebenfalls gesäubert werden. Be- vor das Gehege wieder eingerichtet und die Tiere zurück dürfen, muss alles wieder ganz trocken sein.

Fitte Mäuse dank Vorsorge

Mit einer ausgewogenen Fütterung, einer großen und abwechslungsreich eingerichteten Unterkunft und guter Pflege bieten Sie die wichtigsten Voraussetzungen, damit Ihre Mäuse lange munter und gesund bleiben.

Doch es gibt noch mehr, was Sie für Ihre kleinen Untermieter tun können.

Risiken ausschließen

Vermeiden Sie alles, was ein Gesundheitsrisiko für Ihre Nager sein könnte. Viele Krankheiten brechen erst dann aus, wenn ein Tier in seinem Allgemeinbefinden geschwächt ist und sein Immunsystem nicht volle Leistung bringen kann.

▸ **Zugluft** ist sehr gefährlich. Frische Luft muss zwar sein, achten Sie aber beim Lüften darauf, dass sich die Tiere nicht im Zug befinden.

▸ **Stress** kann durch viele Umstände hervorgerufen werden, angefangen von mangelnder Beschäftigung, über falsche Ernährung bis hin zu ständigen Rangfol-

***Wöchentliches Wiegen** lässt Sie Gewichtsschwankungen Ihrer Mäuse schnell bemerken.*

gestreitigkeiten. Achten Sie aus diesem Grund auf eine harmonische Zusammensetzung der Mäusebande. Kleine Raufereien sind normal, wird ein Tier aber ständig gemobbt, braucht es einen anderen Partner.

Mäuse auf dem Prüfstand

Nehmen Sie die Mäuse bei der täglichen Fütterung und Spielstunde genau unter die Lupe und achten Sie darauf, ob Ihnen etwas an ihrem Verhalten, ihrem Äußeren und ihren Bewegungen anders ist als üblich. Einmal in der Woche sollten Sie die Tierchen genauer checken (Kasten Seite 50).

1 ◂ **Gepflegtes Fell:** Schauen Sie sich das Fell Ihrer Mäuse täglich an und fahren Sie regelmäßig mit dem Finger gegen den Strich. Struppiges Haar, kahle Stellen oder Schorf können Anzeichen für Parasiten- oder Pilzbefall oder andere Erkrankungen sein.

2 ◂ **Appetit:** Sofern es Ihnen möglich ist, sollten Sie Ihre Mäuse auch bei der Nahrungsaufnahme beobachten. Macht sich jede Maus mit Eifer auf die Futtersuche? Bekommt jede etwas ab? Wenn es Stress in der Gruppe gibt, fressen einige eventuell zu wenig.

3 ◂ **Hygiene:** Eine saubere Unterkunft und eine saubere Inneneinrichtung verhindern, dass sich Krankheitskeime schnell ausbreiten und damit Schaden bei Ihren Tieren anrichten anrichten können. Übertriebene Hygiene muss aber auch nicht sein, denn sie schwächt das Immunsystem.

▸ **Gewicht:** Wie viel Ihre Mäuse auf die Waage bringen, ist von Tier zu Tier unterschiedlich. Wiegen Sie sie wöchentlich und notieren Sie sich das Ergebnis, um Gewichtsschwankungen schnell festzustellen. Bleiben die Mäuse nicht auf der Waage sitzen, können Sie sie z. B. in eine Tasse setzen.

▸ **Zahnkontrolle:** Halten Sie ein Leckerchen über die Maus, wenn Sie sich danach streckt, können Sie sehen, ob die Zähne richtig abgenutzt sind. Zahnprobleme treten vor allem bei geringer Abnutzung der ständig nachwachsenden Nagezähne auf. Beugen Sie zu lang werdenden Zähnenn durch genügend harte Nahrung und Nagematerial vor. Eine Kiefermissbildung, durch eine Verletzung oder erblich bedingt, kann ebenfalls zu ungenügender Abnutzung führen. Leider ist hier nicht zu helfen: Die Zähne müssen müssen dann entweder regelmäßig vom Tierarzt korrigiert oder das Tier eingeschläfert werden.

Schnelle Hilfe

Mäuse sind durch lange Inzucht und Laborhaltung krankheitsanfälliger geworden als ihre wild lebenden Ahnen. Grundsätzlich ist es ratsam, bei Krankheitsverdacht den Tierarzt um Rat zu fragen, da die Gefahr einer Fehldiagnose und Schädigung durch falsche Medikamente groß ist. Durch den täglichen Umgang und die intensive Beobachtung Ihrer Mäuse werden Ihnen Veränderungen schnell auffallen (Kasten unten).

Mäuse sind tapfer

Als typische Beutetiere können Mäuse es sich nicht leisten, Schwäche zu zeigen. Deswegen verbergen sie Krankheitsanzeichen möglichst lange. Wenn eine Maus sehr schwach wird oder gar nichts mehr frisst, ist sie meist schon sehr krank, dann kann oft auch der Tierarzt nicht mehr helfen. Deswegen ist es wichtig, dass Sie frühzeitig erste Symptome erkennen.

Ein Fall für den Tierarzt

Haben Sie den Verdacht, dass eine Ihrer Mäuse krank ist, sollte sie vom Tierarzt untersucht werden. Erkundigen Sie sich frühzeitig nach einem Tierarzt, der sich mit kleinen Nagern gut auskennt: Er muss ihnen genauso viel Aufmerksamkeit und Sorgfalt widmen wie einem großen Tier, Ihnen die Diagnose, die Behandlung und die Prognose verständlich erklären und Ihre Sorgen ernst nehmen. Informieren Sie den Tierarzt über die Haltungsbedingungen und Fütterung und nehmen Sie nach Möglichkeit Kotproben Ihrer Mäuse mit, das sind wichtige Anhaltspunkte. Notieren Sie sich auch vorher Ihre Fragen, damit Sie nichts vergessen. Transportieren Sie das kranke Tier in einer speziellen, gut ausgepolsterten Transportbox (Seite 30). Vermeiden Sie unbedingt Zugluft, Hitze- oder Kälteeinwirkung sowie Feuchtigkeit und geben Sie ihm einen Artgenossen zur Gesellschaft mit, das mindert den Stress.

Einmal in der Woche kontrollieren

Sind die Augen klar, nicht verklebt und ohne Ausfluss? Ist das Näschen frei? Sind die Ohren sauber?

Ist der After sauber? Ist der Kot gut geformt? Zeigt der Urin der Mäuse keine Verfärbungen?

Sind bei der Atmung keine ungewohnten Geräusche (Knacken, Husten, etc.) zu hören?

Achten Sie auf Umfangsvermehrungen (z. B. Knoten oder Schwellungen) auf oder unter der Haut.

Bewegen und Verhalten die Mäuse sich wie üblich? Gekrümmte Körperhaltung, plötzliche Reizbarkeit, Apathie oder eine Absonderung von der Gruppe sind ernst zu nehmende Krankheitsanzeichen.

Parasiten

Obwohl Nagetiere als Krankheitsüberträger und Parasitenwirte bekannt sind, haben gezüchtete Nager in Menschenhand erstaunlich wenig Probleme damit. Wenn es aber zu einem Befall kommt, ist die Hilfe vom Tierarzt wichtig, damit Ihre Mäuse gesund werden.

▸ **Anzeichen** für einen starken Befall sind ungepflegtes, struppiges Fell, ständiges Jucken, Schorf und Krusten, Unruhe oder Teilnahmslosigkeit. Das Anfassen bereitet den Mäusen Schmerzen, sie quiecken dabei oder entziehen sich der Hand.

▸ **Milben und Haarlinge** sind dic häufigsten Parasiten. Milben ernähren sich von Hautschuppen und sind nur unter dem Horoskop erkennbar, Haarlinge manchmal als kleine weiße Pünktchen zu sehen. Da es verschiedene Arten gibt, muss der Tierarzt eine genaue Diagnose stellen.

▸ **Flöhe** treten seltener auf und sind als kleine dunkle Punkte im Fell erkennbar.

▸ **Pilze** zeigen sich z.B. mit schütterem Fell, kreisrundem Haarausfall, Schuppen und Rötungen. Damit Sie sich selbst nicht anstecken, müssen nach jedem Kontakt mit den Tieren die Hände desinfiziert werden.

▸ **Eingeschleppt** werden die Parasiten durch kontaminiertes Heu oder Futter oder Neuzugänge. Ein starker Befall wird durch schlechte Verfassung der Mäuse und ein dadurch vermindertes Immunsystem begünstigt.

Gesunde Mäuse nehmen rege am Leben in der Gemeinschaft teil. Sondert ein Tier sich ab, ist das immer ein Alarmzeichen.

SMART

Trockenschwimmer

› **Chinchillasand,** in einer flachen Keramikschale und auf einem erhöhten Platz gestellt, z. B. einem Häuschen oder einer Etage, wird von vielen Mäusen gern für ein Bad genutzt und pflegt zusätzlich das Fell.

Mögliche Krankheiten

Wenn Sie den Verdacht haben, dass eine Ihrer Mäuse krank ist, sollten Sie die Behandlung Ihrem Tierarzt überlassen. Trotzdem ist es sehr wichtig, dass Sie die häufigsten Krankheiten kennen, um im Ernstfall schnell die richtigen Maßnahmen einleiten zu können.

Trennen Sie die Mäuse nur auf Anraten des Tierarztes und nur bei einer ansteckenden Erkrankung, die Einzelhaltung stresst sie sehr.

Erkältung

Deutlich hörbare Atemgeräusche, häufiges Niesen und leicht verklebte Augen sind ein deutlicher Hinweis auf eine Erkältungskrankheit. Mögliche Ursachen sind Feuchtigkeit im Käfig, Zugluft, plötzliche Temperaturschwankungen oder häufig eine Infektion mit Mykoplasmose, oft begünstigt durch schlechte Haltung. Ändern Sie gegebenenfalls die Haltung und stellen Sie den Käfig an einen etwa 22 bis 23 °C warmen Standort. Zusätzliche Gaben von Vitaminmischungen (spezielle Präparate vom Tierarzt) können helfen, das Immunsystem zu stärken. Sollte nur ein Tier der Gruppe betroffen sein, sollten Sie dies trotz aller eventueller Schwierigkeiten, die sich bei der späteren Wiederzusammenführung ergeben können, isolieren.

Durchfall

Schmieriger oder weicher Kot oder ein verschmutzter After sind Hinweise auf Durchfall, der vielfältige

Ursachen haben kann. Meist kommt eine Infektion mit Bakterien, Viren oder Einzellern erst dann zum Ausbruch, wenn das Tier zusätzlich durch schlechte Lebensbedingungen geschwächt ist. Verdorbenes Futter, unsaubere Einstreu und Ungeziefer setzen die Widerstandskraft herab.

Schock

Wenn eine Maus einmal durch mangelnde Aufsicht oder Unachtsamkeit auf den Boden fällt, landet das Tier, gesteuert durch seine natürlichen Reflexe, zwar meist auf den Füßen, kann aber leblos auf dem Boden liegen bleiben. Sehr häufig hat die Maus durch den Fall einen Schock erlitten. Legen Sie sie dann vorsichtig in den Käfig zurück und halten Sie sie warm (Seite 54). Beobachten Sie das Tier anschließend ganz genau. Wenn es sich nicht zusätzlich eine innere Verletzung zugefügt hat, wird es bald wieder wie zuvor umherlaufen. Abnorme Bewegungungen oder ungewohntes Verhalten können jedoch ein Hinweis auf eine Verletzung sein. Dann müssen Sie mit ihm dringend zum Tierarzt.

Bieten Sie Ihren Mäusen viele Beschäftigungsmöglichkeiten. Langeweile verursacht Stress und dadurch werden Krankheiten begünstigt.

Geschwülste

Deutlich sicht- oder tastbar können sich am Körper Geschwülste bilden. Wenn diese schnell größer werden, kann ein Eiterabszess vorliegen, der meist nach einiger Zeit von selbst aufplatzt. Abszesse sind oft die Folge von kleinen Verletzungen (Seite 54). Viel häufiger, vor allem bei älteren Mäusen, kommt es zu bösartigen Geschwülsten – zu Krebs. Lassen Sie einen Tierarzt entscheiden, ob eine Operation sinnvoll und erfolgversprechend ist. Ersparen Sie dem Tier jedoch langes Leiden.

Was Sie tun können

Die Behandlung einer kranken Maus sollten Sie dem Tierarzt überlassen. Bei leichten Beschwerden oder zur Unterstützung Therapie können Sie aber viel tun.

Liebevolle Pflege

Wenn sich der Zustand des Patienten nicht innerhalb von 24 Stunden wesentlich verbessert oder sich in dieser Zeit verschlechtert, müssen Sie ihn unbedingt zum Tierarzt bringen. Zu langes Warten gefährdet den Erfolg einer Behandlung sehr. Die Pflege eines Mäusepatienten erfordert viel Fingerspitzengefühl und beherztes Handeln. Holen Sie sich z.B. bei der Medikamenteneingabe (Kasten unten) Hilfe, wenn Sie sich unsicher sind.

- **Durchfall:** Streichen Sie das Frischfutter vom Speiseplan und geben Sie Haferflocken und Knäckebrot. Hilft das nichts, können Sie Ihrer Maus auch ungesüßten Kamillentee anbieten.
- **Kleine Wunden:** Schwere Verletzungen müssen immer sofort vom Tierarzt behandelt werden. Kleine Schrammen heilen oft von selbst, das Auftragen von Heilsalbe kann dies beschleunigen. Halten Sie die Maus danach eine Weile fest, damit sie sich die Salbe nicht sofort wieder ableckt.
- **Erkältung:** Bestrahlen Sie etwa ein Viertel des Geheges mit einer handelsüblichen Rotlichtlampe. Dann kann die Maus sich aussuchen, ob sie sich in der Wärme aufhalten will. Halten Sie eine Hand über die Einstreu in diesem Bereich: Die Temperatur muss angenehm sein.

Gehegereinigung

Bei ansteckenden Erkrankungen oder Parasitenbefall müssen Gehege und Einrichtungsgegenstände gründlich gereinigt bzw. auf Anraten des Tierarztes desinfiziert werden. Futter, Einstreu und Heu können bei Milbenbefall für zwei Tage eingefroren werden, das tötet die Plagegeister ab: Vor erneuter Verwendung auf Zimmertemperatur auftauen!

Richtig Medikamente geben

Wird eine Medizin nicht freiwillig genommen, können Sie sie z.B. mit Früchtemus oder -saft mischen und auf einem Löffel der Maus direkt anbieten.

Alternativ können flüssige oder klein geriebene Medikamente auch mit Quark oder Jogurt gegeben werden – Ausnahme sind Antibiotika.

Nimmt die Maus die Medizin nicht, können Sie sie mit einer Insulinspritze ohne Nadel seitlich hinter die Zähne in das Mäulchen geben. Anschließend den Hals sanft streicheln, das fördert den Schluckreflex. Dabei müssen Sie das Tier vorsichtig aber sicher festhalten.

Wehrhaften Gesellen geben Sie einfach einen Klecks auf die Nase, sie lecken ihn sich dann schon ab.

Dosierung beachten: Halten Sie sich bei der Gabe vom Medikamenten immer an die Anweisung des Tierarztes – zu viel kann schaden!

Rüstig im Alter

Spätestens mit eineinhalb Jahren zeigen die meisten Mäuse deutliche Anzeichen eines hohen Alters. Ihr Fell wirk ungepflegt und erscheint oft struppig, sie sind weniger aktiv und ziehen ein Schläfchen einem aufregenden Spiel vor. Fordern Sie Ihrer betagten Maus dann keine Höchstleistungen mehr ab, indem Sie sie z.B. ständig zum Klettern animieren, geben Sie ihr aber weiterhin die abwechslungsreiche Beschäftigungsmöglichkeiten, das hält Körper und Geist fit. Wichtig ist nun oft auch eine etwas gehaltvollere Ernährung, den viele Mäusesenioren verlieren ohne erkennbaren Grund Gewicht. Dann darf es gern öfter ein Sonnenblumenkern extra sein. Wichtig: Übergewicht muss aber vermieden werden. Wird eine alte Maus krank, sollte sie trotzdem vom Tierarzt untersucht und bei hoffnungsvoller Prognose behandelt werden, oft kann sie nach der richtigen Therapie noch einen schönen Lebensabend genießen. Leidet sie aber nur noch unter Schmerzen und gibt es keine Heilung, sollten Sie sie erlösen und vom Tierarzt einschläfern lassen.

SMART

Ruhe hilft heilen

- **Stress** erschwert die Genesung einer kranken Maus sehr.
- **Achten Sie** unbedingt darauf, dass der kleine Patient nicht durch Lärm und Trubel um den Käfig herum noch zusätzlich aufgeregt wird.

Nachwuchs im Mäuseheim

Mäusebabys versetzen jeden Tierliebhaber in Entzücken. So verlockend der Gedanke auch ist, einen solchen Kindergarten beim groß werden zu begleiten und so einfach es auch scheint, sollten Sie sich die Sache genau überlegen. Während der Trächtigkeit und der Geburt kann es zu Komplikationen kommen, die sogar zum Tod von Mutter oder Jungen führen können. Sind Sie bereit, dieses Risiko einzugehen? Haben Sie genug Abnehmer für den Nachwuchs – schließlich soll er nicht als Schlangenfutter enden!

Vorbereitungen

Wenn diese Voraussetzungen stimmen und Sie die Jungenaufzucht einmal erleben wollen, sollten Sie dafür natürlich nur gesunde Tiere auswählen und darauf achten, dass sie nicht zu nah verwandt sind – Inzucht führt häufig zu schwächlichen und krankheitsanfälligen Tieren. Setzen Sie am besten nur ein Pärchen zusammen und trennen Sie dies von der restlichen Gruppe. Der Geschlechtstrieb ist dann meistens stärker als die Abwehr gegen ein gruppenfremdes Tier. Es ist günstiger, das Weibchen in den Käfig des Männchens zu setzen oder eine Paarung auf „neutralem" Boden stattfinden zu lassen.

Sanfter Transport: Entfernt sich ein Junges zu weit aus dem Nestbereich, trägt die Mutter es mit dem Maul wieder zurück.

Fortpflanzungsverhalten

Ein fortpflanzungswilliges Weibchen drückt bei der Annäherung eines Männchens seinen Rücken durch und legt den Schwanz zur Seite. Die Paarung dauert nur wenige Sekunden. In der Zeit der Paarungsbereitschaft (Östrus) kommt es mehrmals zu Begattungen.

Trächtigkeit

Während der etwa drei Wochen dauernden Tragzeit (20 bis 24 Tage) haben die Weibchen einen erhöhten Bedarf an Nahrung und Flüssigkeit. Geben Sie ihr in dieser Zeit besonders eiweißreiche Kost (Seite 36). Etwa eine Woche vor der Geburt beginnt die werdende Mutter verstärkt Nistmaterial zu sammeln und das Schlafhäuschen für den Nachwuchs auszupolstern.

Das Privileg, *Nachwuchs zu zeugen, genießt nur der ranghöchste Bock in einer Mäusegruppe – bei zweien stellt sich die Frage nicht.*

Viele Mäusemänner sind friedliche Väter, einige helfen sogar bei der Aufzucht der Jungen mit. Trotzdem sollten Sie kurz vor oder während der Geburt umziehen, da die Weibchen kurz nach der Geburt schon wieder gedeckt werden können (Smart-Tipp unten). Das Männchen wird ohnehin meist einige Tage vorher schon nicht mehr im Nestbereich geduldet.

SMART

Vermehrungsfreudige Mäusegesellschaft

- **Mäuseweibchen** werden alle 3 bis 6 Tage hitzig und sind paarungsbereit.
- **Mit jedem Wurf** können die Nager etwa 4 bis 14 Junge bekommen.
- **Direkt** nach der Geburt kann die Mäusedame wieder gedeckt werden.
- **Bereits** nach etwa 23 Tagen steht der nächste Nachwuchs ins Haus.
- **Man muss** kein Mathematiker sein, um sich auszurechnen, dass bei unkontrollierter Vermehrung die Population außer Kontrolle gerät.

Geburt

Die Geburt erfolgt meist in den frühen Morgenstunden. Sofern es sich nicht um verhaltensgestörte oder sehr verängstigte Tiere handelt, werden die Jungen problemlos nacheinander geboren und anschließend gesäugt.

Während der rund drei Wochen dauernden Säugezeit sollten die Tiere besonders gut versorgt werden. Wird die Mutter häufig gestört, kann es leicht passieren, dass die Jungen nach dem Werfen gefressen oder vernachlässigt werden. Sorgen Sie deswegen für möglichst viel Ruhe im Zimmer.

Kleine Mäuse werden groß

Wozu wir Menschen viele Jahre brauchen, vollbringen die kleinen Mäuse in nur wenigen Wochen – sie entwickeln sich von hilflosen Säuglingen zu selbstständigen Lebewesen, die wichtiger Teil einer Gemeinschaft werden.

Es ist eine unglaublich rasante Entwicklung, die neu auf die Welt gekommene Mäusekinder erleben. Gerade eben waren sie noch kleine nackte Würmchen, schon krabbeln sie durch das Gehege, spielen mit ihren Geschwistern, hüpfen übermütig herum und bereits kurze Zeit darauf sind sie vollkommen selbstständig. Sie sollten die Mutter

1 **Kindergarten ▸** Für das Foto präsentieren sich Mäusejunge verschiedenen Alters, ihre Mütter und ein hochträchtiges Weibchen in einer Transportbox. Doch auch im Gehege tun sich werdende Mütter oft zusammen und bilden Gemeinschaftsnester. Sie kümmerns sich liebevoll um ihren eigenen und um fremden Nachwuchs, säugen und versorgen ihn gegenseitig. Weibchen, die längere Zeit bei der Mutter leben konnten und der Aufzucht der Geschwister geholfen haben, sind später oft selbst bessere Mütter.

nicht direkt nach der Geburt wieder werfen lassen und die Jungen noch einige Zeit bei ihr lassen. So lernen die Kleinen wichtiges Sozialverhalten in der Gruppe. Da mit etwa vier Wochen aber die Geschlechtsreife eintritt, sollten die kleinen Böckchen dann in ein separates Gehege umziehen, um die Geschlechter zu trennen. Dadurch wird verhindert, dass es nicht zu Geschwisterverpaarungen kommt. Die Mäusemädchen können noch bis zur Abgabe im Alter von etwa acht Wochen bei der Mutter bleiben. Bei den sozialen Mäusen ist das meist kein Problem und die Jungen werden sich gut in die Gruppe einfügen.

2

◂ **Neugeborene** Mäuse sind nackt, blind und taub – typische Nesthocker. Die mütterliche „Milchbar" ist der einzige Bezugspunkt, an dem sich die Jungen ausrichten. Sie sind ganz auf die Fürsorge ihrer Mutter angewiesen, die ihnen Nahrung gibt und sie sauber hält. Wärme spenden Geschwistern und die Mutter. Mit etwa sieben Tagen krabbeln sie schon ein wenig durch das Nest, werden aber von ihrer Mutter mit großem Eifer wieder zurückgetragen.

Wenige Tage ▸ nach der Geburt ist der erste Flaum im Kopfbereich zu erkennen. Ab dem zehnten Tag öffnen sich die Augen und mit gut zwei Wochen beginnen die Kleinen aktiv ihre Umwelt zu erkunden und mit den Geschwistern zu spielen. In dem Alter sind selbst die kleinsten Ritzen kein Hindernis – Vorsicht bei Gitterkäfigen! Bei den ersten Ausflügen nehmen die Jungen erste feste Nahrung zu sich und lernen dabei die Ernährung der Eltern kennen, etwa drei Wochen lang werden sie gesäugt.

3

Infoecke

Bücher

- Briemle, G.: **Farbatlas Kräuter und Gräser in Feld und Wald.** Ulmer Verlag, Stuttgart 1997
- Gabrisch, K.: **Krankheiten der Heimtiere.** Schlütersche Verlagsanstalt, Hannover 1995
- Neijgh van Lier, D.: **Mäuse richtig halten.** Landbuch Verlag, Hannover 1998
- Kothe, H.W.: **Farbmäuse.** Falken Verlag, Niedernhausen 2001
- Steinkamp, A.: **Flinke Mäuse,** Franckh-Kosmos Verlag, Stuttgart 2001
- Roth, A.: **Mäuse.** Gräfe und Unzer Verlag, München 2002
- Schmidt,G.: **Hamster, Meerschweinchen, Mäuse.** Ulmer Verlag, Stuttgart 1985

Making Of

▸ **Der Autor:**
Georg Gaßner ist Biologe und hat sich intensiv mit der Zucht und Pflege einheimischer und exotischer Kleinsäugerarten beschäftigt. Auf diesem Gebiet ist er in Fachkreisen international bekannt. Er hat zahlreiche Fachartikel und Bücher zum Thema Kleinsäuger als Heimtiere verfasst.

▸ **Die Fotografin**
Regina Kuhn ist freischaffende Fotodesignerin und Autorin mit jahrelanger Erfahrung in der Fotografie von Heimtieren.

▸ **Der Verlag und die Fotografin** danken für die freundliche Unterstützung der Fotoaufnahmen: Elâ Lilian Matern aus Hochdorf und Lisa-Marie Strähle aus Ludwigsburg.

Adressen

pro Maus e.V.
Kerstin Klitzsch
Ammerstraße 41
44359 Dortmund
www.proMaus-ev.de

Deutscher Mäuse-Rassezuchtverein Muroidea
Im Heidfeld 3
46049 Oberhausen
www.dmrm.de

Bundesarbeitsgruppe Kleinsäuger e.V.
im Schulzoo Leipzig e.V.
Binzer Straße 14
04207 Leipzig
www.bag-kleinsauger.de
www.farbmaus.info.ms
www.maeuseasyl.de

(Hinweis: Der Ulmer Verlag ist nicht für den Inhalt von Links verantwortlich)

Zeitschriften

RODENTIA
Kleinsäuger-Fachmagazin, Natur- und Tierverlag Münster
www.ms-verlag.de

Ein Herz für Tiere.
Gong Verlag, München

Impressum

Bibliografische Information der Deutschen Bibliothek

Die Deutsche Bibliothek verzeichnet diese Publikation in der Deutschen Nationalbibliografie; detaillierte bibliografische Daten sind im Internet über http://dnb.ddb.de abrufbar.

Eugen Ulmer KG
Wollgrasweg 41,
70599 Stuttgart
Internet: www.ulmer.de
Lektorat: Dr. E. M. Götz
Redaktionelle Bearbeitung: textory mediaService
Umschlag- und Innengestaltung, dtp: X-Design, München
Reproduktion: Meyle & Müller, Pforzheim
Druck und Bindung: Litotipografia-editrice Alcione, Trento
Printed in Italy

ISBN-13: 978-3-8001-5150-9
ISBN-10: 3-8001-5150-2

Infoecke

Herstellernachweis

Trixie Heimtierbedarf, Tarp
Rodipet Kleinsäugerzubehör, Düsseldorf
Kölle-Zoo, Stuttgart
Kräuterparadies Lindig, München
Zoo-Utke, Oberesslingen

Bildquellen

Alle Fotos im Innenteil und Titelfoto: Regina Kuhn Fotodesign, Stuttgart

Haftung

Für Ihr Heimtier tragen Sie selbst die Verantwortung. Die in diesem Buch enthaltenen Empfehlungen und Angaben sind vom Autor mit großer Sorgfalt zusammengestellt und geprüft worden. Eine Garantie für die Richtigkeit der Angaben kann aber nicht gegeben werden. Der Autor und der Verlag übernehmen keinerlei Haftung für Schäden und Unfälle.

Register

SPEZIAL

Kluge Tipps für SMART KIDS

Extra-Mäuse

Mäuse sind tolle Tierchen mit vielen „Ideen" für aufregende Abenteuer. Es liegt an dir, ob deine kleinen Freunde diese bei dir erleben können.

Mit etwas Phantasie kannst du deiner Mäusebande einen spannenden Spielplatz bauen. Einige Vorschläge dafür findest du auf Seite 26, doch dir fällt bestimmt noch viel mehr dazu ein. Es macht sehr viel Spaß, die aufgeweckten Abenteurer bei ihren Erkundungstouren zu beobachten. Dabei lernst du auch eine Menge über sie und weißt bald, welche Lieblingsspielzeuge sie haben, welche Mäuse dicke Freunde sind und wer ein mutiger Entdecker oder ein kleiner Angsthase ist.